Janne Graf

WIR *stricken* KUSCHEL PULLOVER

15 Frauen & ihr Projekt

BEQUEM, SCHNELL UND EINFACH

CV

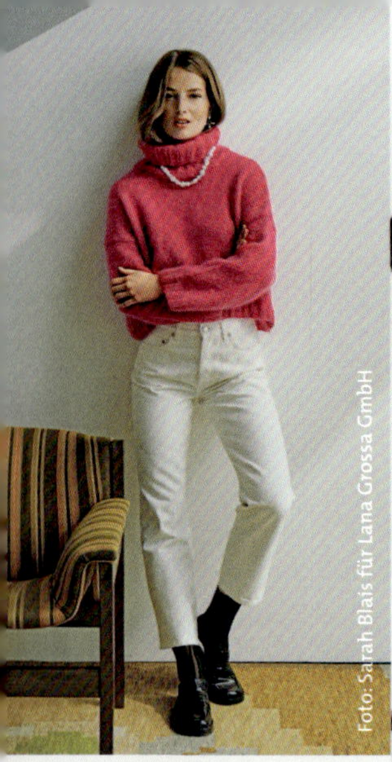
Foto: Sarah Blais für Lana Grossa GmbH

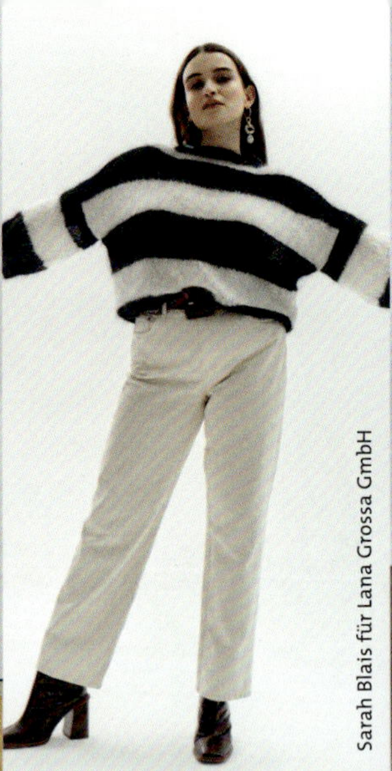
Sarah Blais für Lana Grossa GmbH

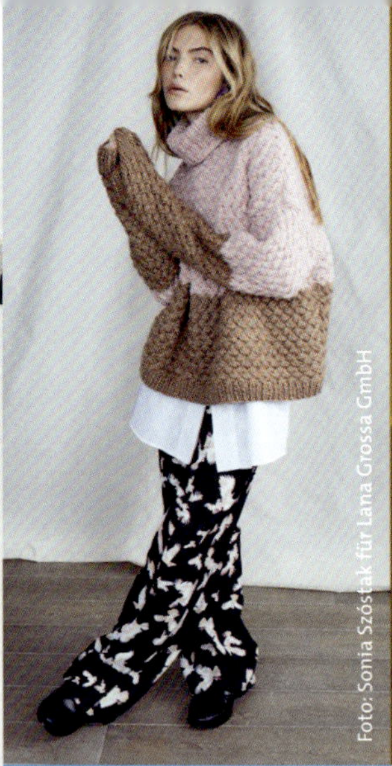
Foto: Sonia Szóstak für Lana Grossa GmbH

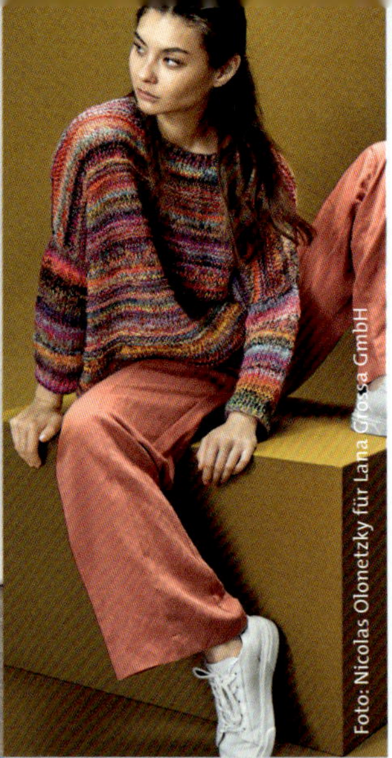
Foto: Nicolas Olonetzky für Lana Grossa GmbH

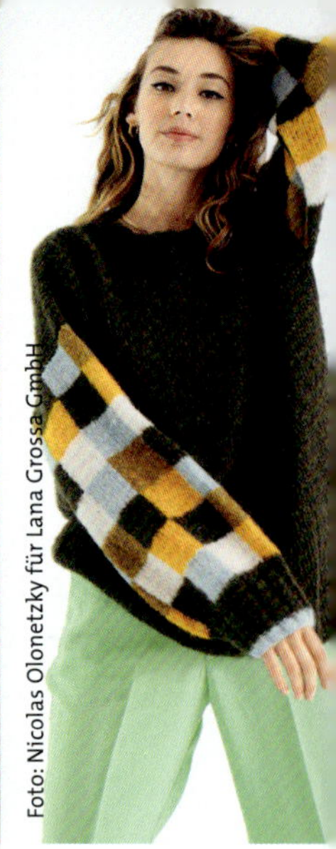
Foto: Nicolas Olonetzky für Lana Grossa GmbH

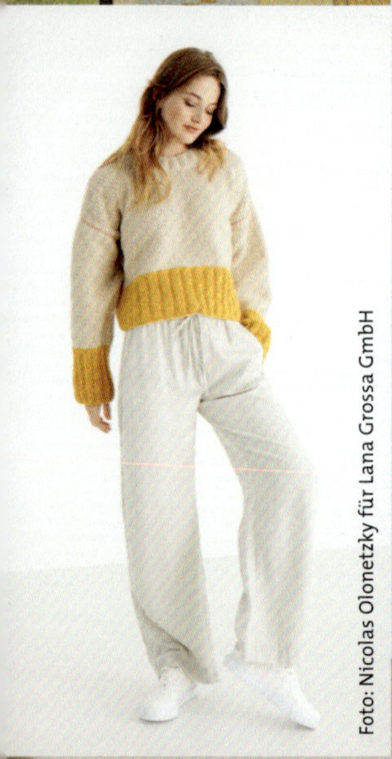
Foto: Nicolas Olonetzky für Lana Grossa GmbH

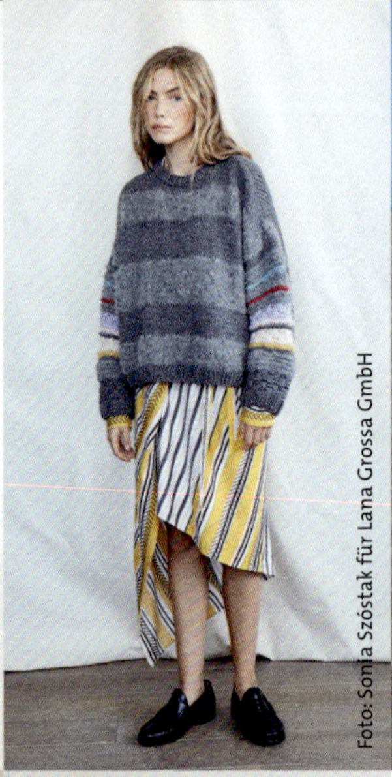
Foto: Sonia Szóstak für Lana Grossa GmbH

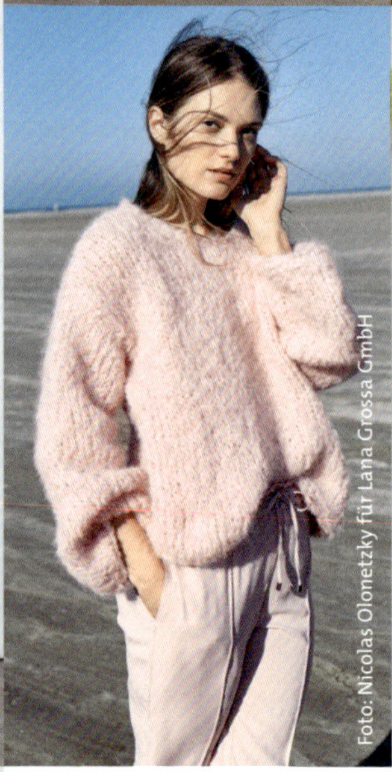
Foto: Nicolas Olonetzky für Lana Grossa GmbH

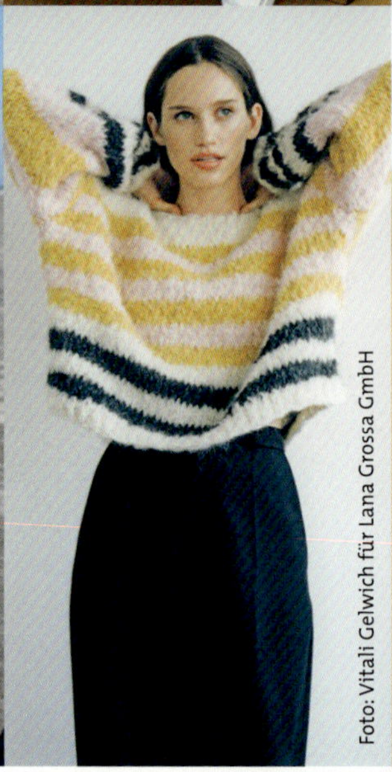
Foto: Vitali Gelwich für Lana Grossa GmbH

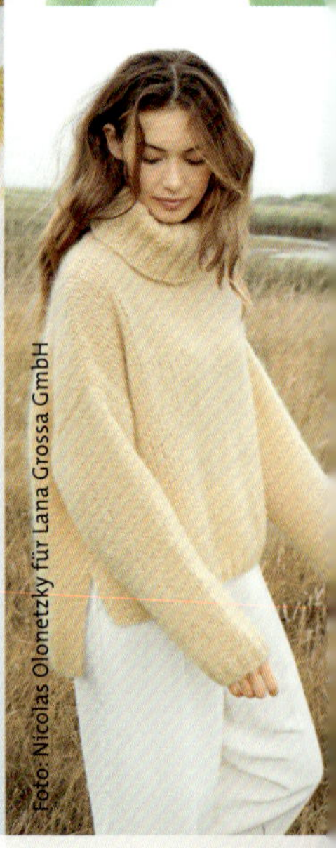
Foto: Nicolas Olonetzky für Lana Grossa GmbH

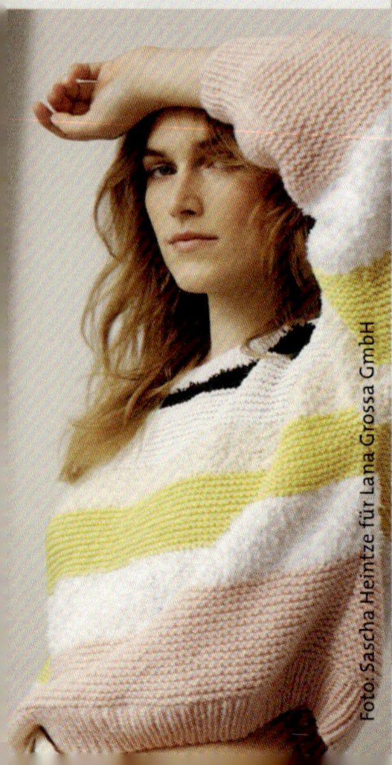
Foto: Sascha Heintze für Lana Grossa GmbH

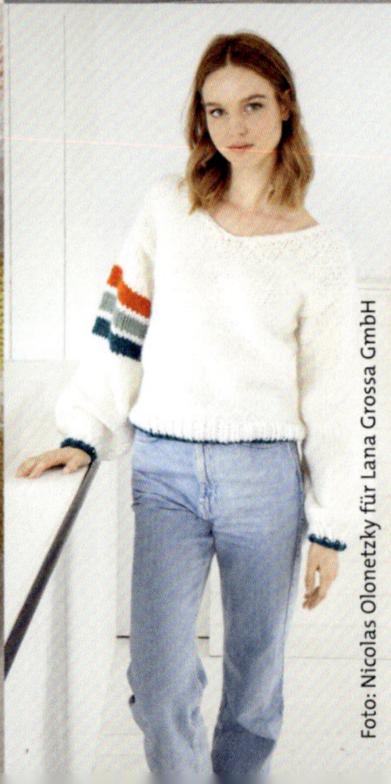
Foto: Nicolas Olonetzky für Lana Grossa GmbH

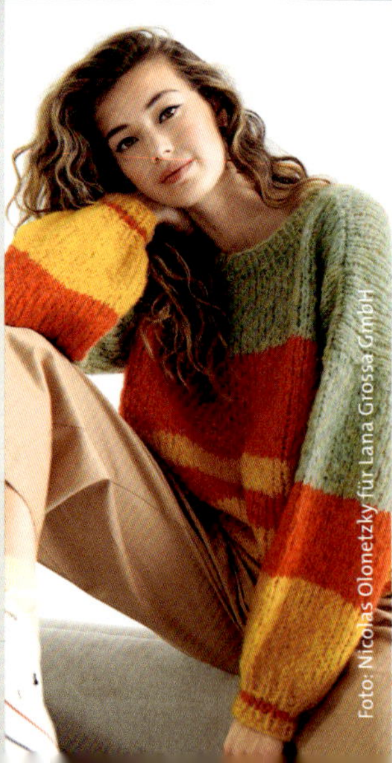
Foto: Nicolas Olonetzky für Lana Grossa GmbH

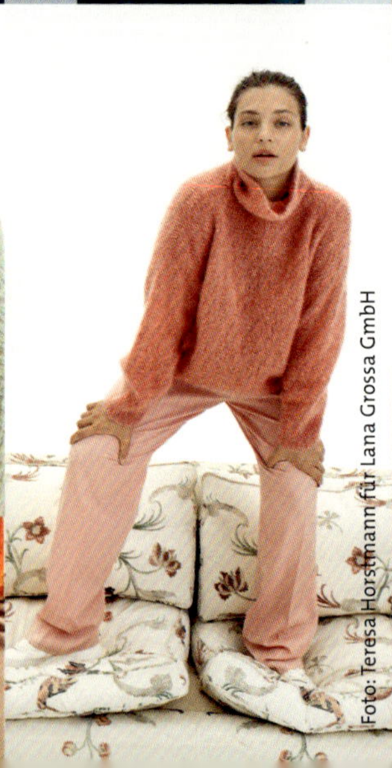
Foto: Teresa Horstmann für Lana Grossa GmbH

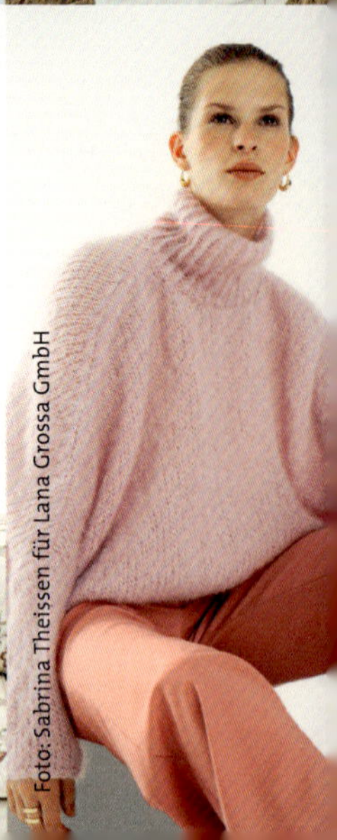
Foto: Sabrina Theissen für Lana Grossa GmbH

Auf dem Weg zum Lieblingspulli

Comfy Sweater, das sind kuschelige, rundum gemütliche Pullover in bequemer Passform und aus flauschig soften Garnen. Du ziehst sie an und fühlst dich in den Arm genommen, ein bisschen wollig-warme Wellness für Körper und Seele. Sie sind aber auch Problemlöser im Alltag: Jeans, Hose, Rock oder Kleid dazu und dein Outfit ist komplett. Sieht gut und lässig aus, hält angenehm warm und ist superkomfortabel. Und ganz nebenbei sind damit zwei oder drei Grad niedrigere Raumtemperatur kein Thema für dich: Gestrickt wird mit hochwertigen Garnen von Lana Grossa, die mollig warm halten und die positiven Klimaeigenschaften der verwendeten Naturfasern mitbringen.

Wir stellen dir aber nicht nur 15 legere Wohlfühlpullis vor, sondern auch 15 Frauen, die stricken. Eine bunte Gruppe, die sich zusammengefunden hat, weil wir im Verlag rumgefragt haben, wer Lust hat, einen Kuschelpullover zu stricken. Die Kolleginnen begeisterten dann wiederum Bekannte und Freundinnen von dem Projekt und ruckzuck hatten wir unsere Strickerinnen zusammen: Maschenprofis genauso wie Anfängerinnen, quer durch viele Altersgruppen, mit unterschiedlichen Kleidungsstilen und verschiedenstem Background. Sie haben sich ihren Comfy Sweater ausgesucht, auf die Nadeln genommen, und sich dabei von uns über die Schulter schauen lassen. Ihre individuellen Erfahrungen auf dem Weg zu einem neuen Lieblingsstück zeigen, wie vielfältig, facettenreich, modern und inspirierend Stricken ist. Wie viel es einem gibt und wie viel Spaß man damit hat. Und sie machen nicht nur Mut, sondern auch Lust auf Comfy Sweater: Jede dieser Strickerinnen liebt ihren neuen, selbstgestrickten Pullover und fühlt sich damit pudelwohl.

Inhalt

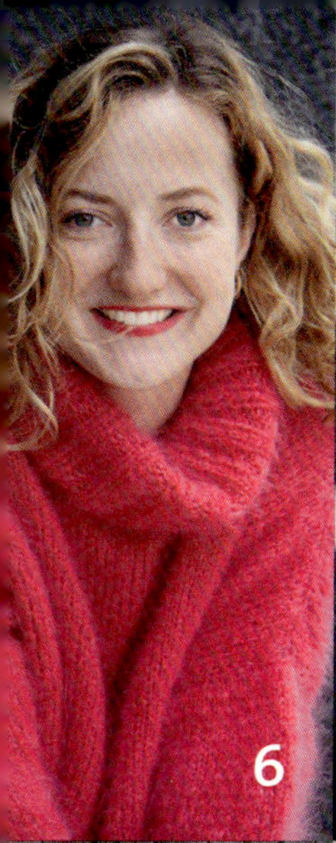

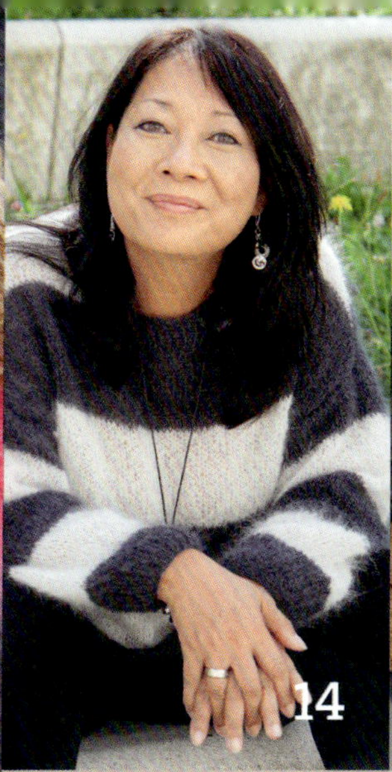

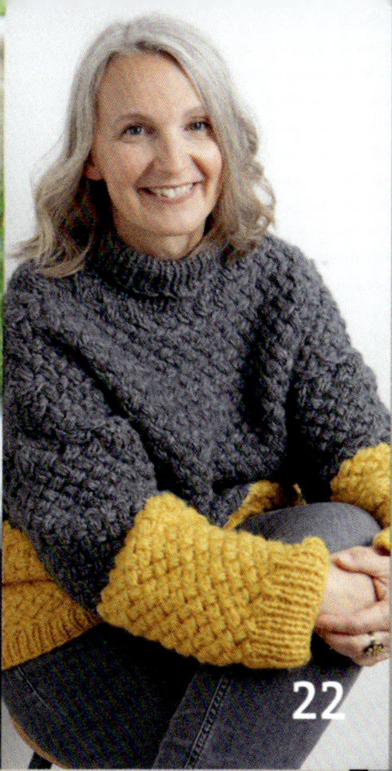

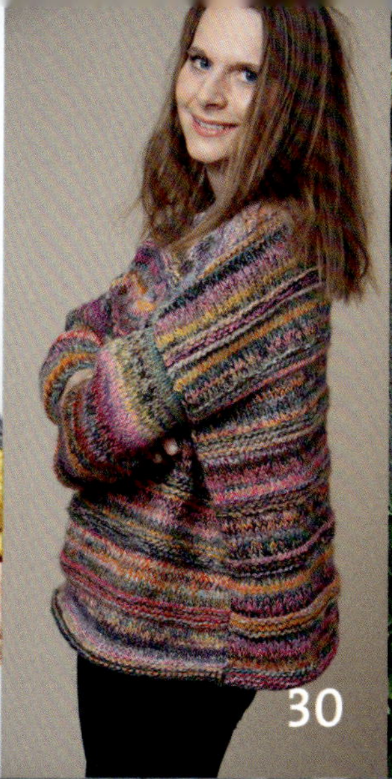

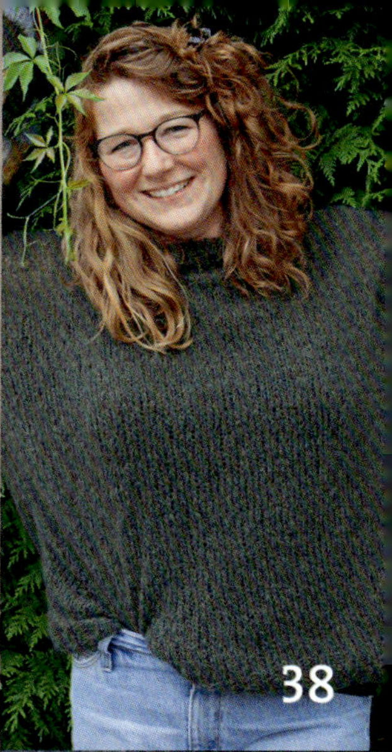

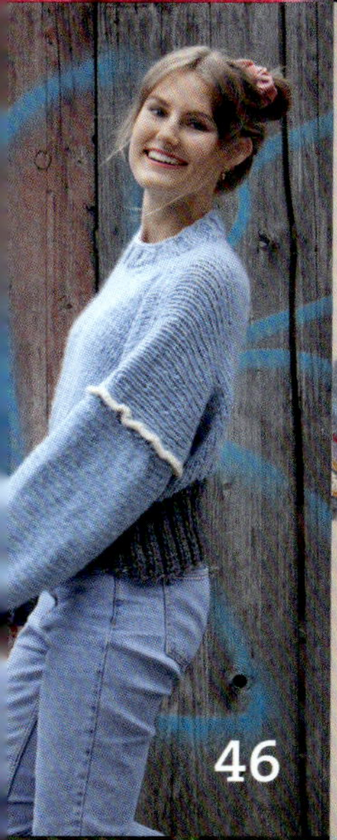

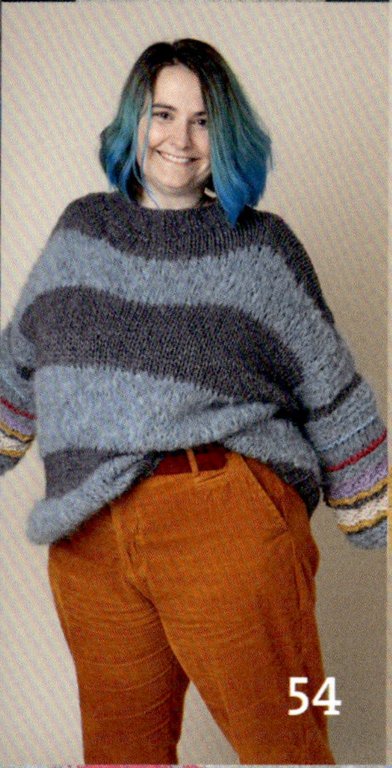

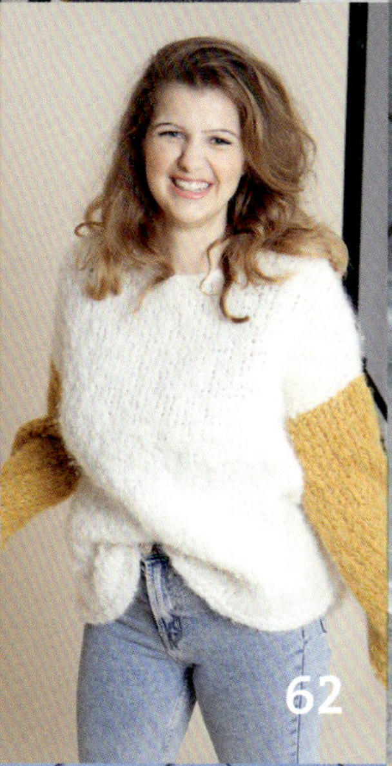

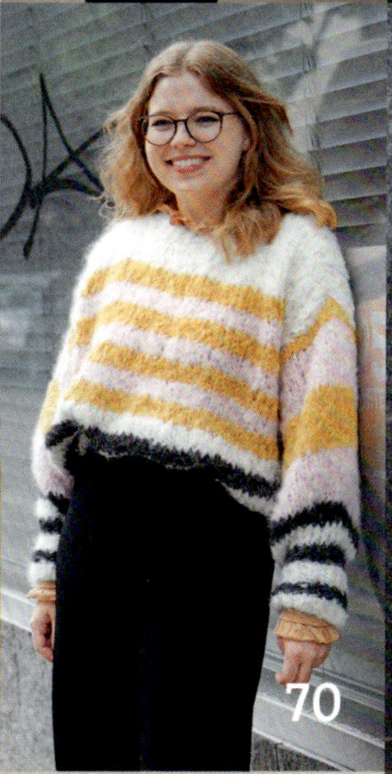

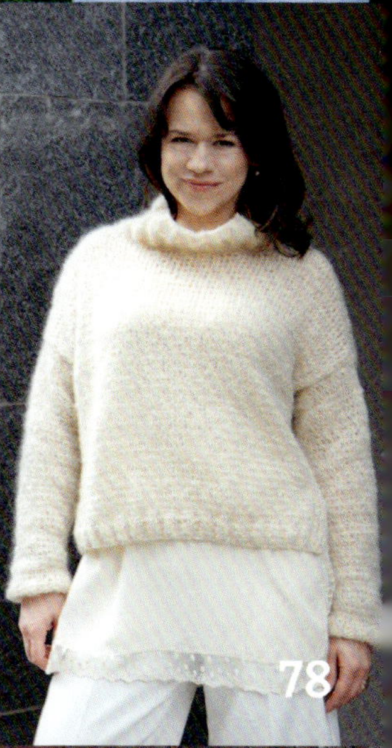

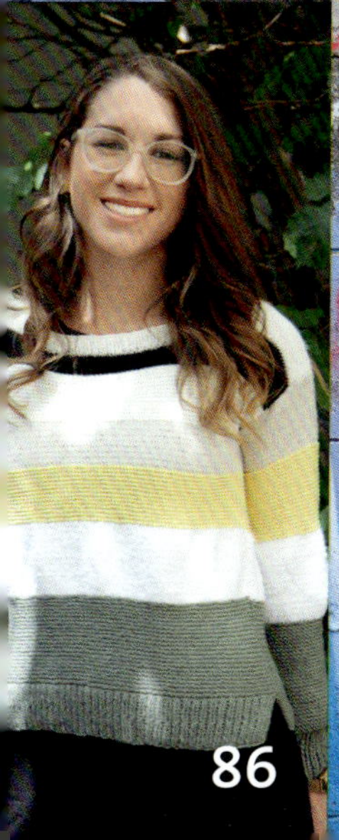

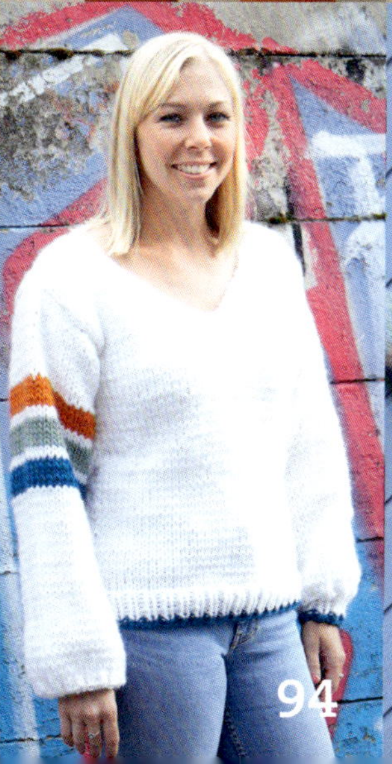

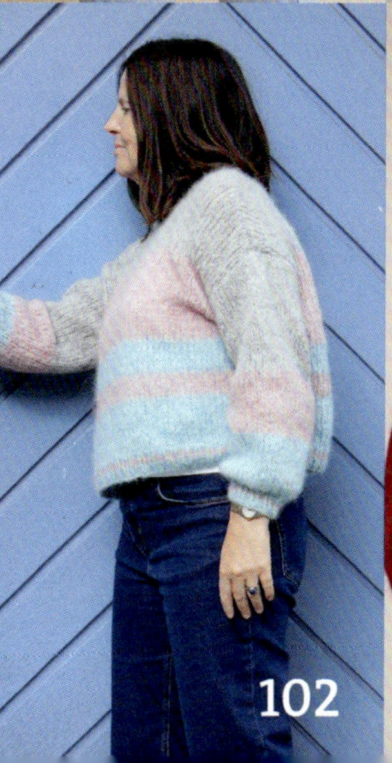

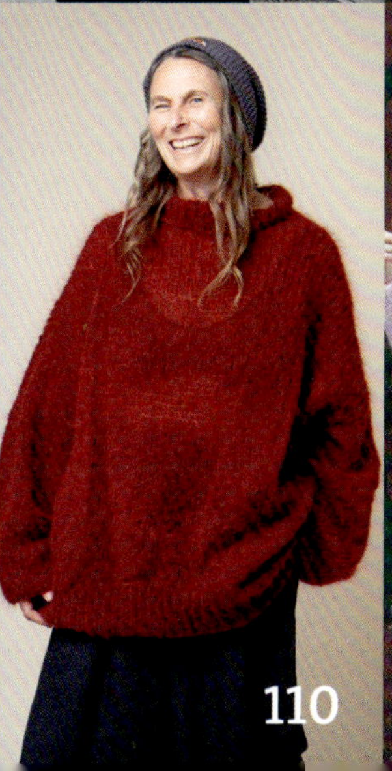

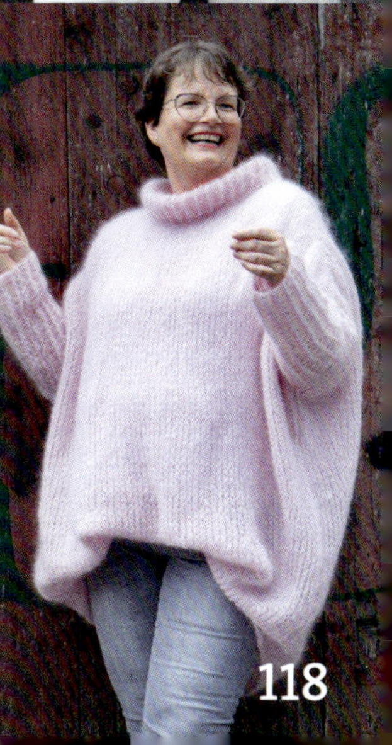

Die YouTube-Strickerin

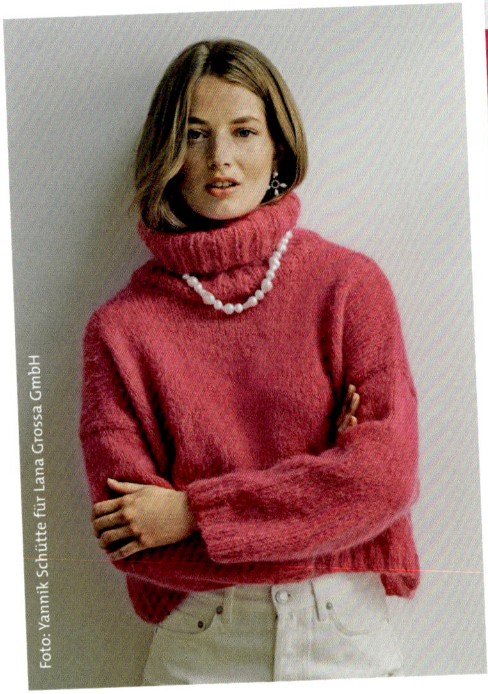

Foto: Yannik Schütte für Lana Grossa GmbH

Svenja hat sich diesen Sweater ausgesucht

Svenja hat's gerade erst gelernt: Im ersten Lockdown hat sie sich mit YouTube-Videos das Stricken selbst beigebracht. Sie ist supermutig, schon ihr erstes Projekt war ein Pullover, sie hat keine Angst vor großen Strickstücken.

Mit ihrem neuen Werk ist sie rundum zufrieden: „Ich liebe Rollkragen im Winter, weil sie schön warm halten. Ich mag die Knallfarbe und den verkürzten Cropped-Schnitt. Der Pulli ist so kuschelig, der perfekte Alltags-Retter an kalten Tagen und ein intensiver Farbklecks wenn es draußen grau und trüb ist!", schwärmt sie von ihrem Modell.

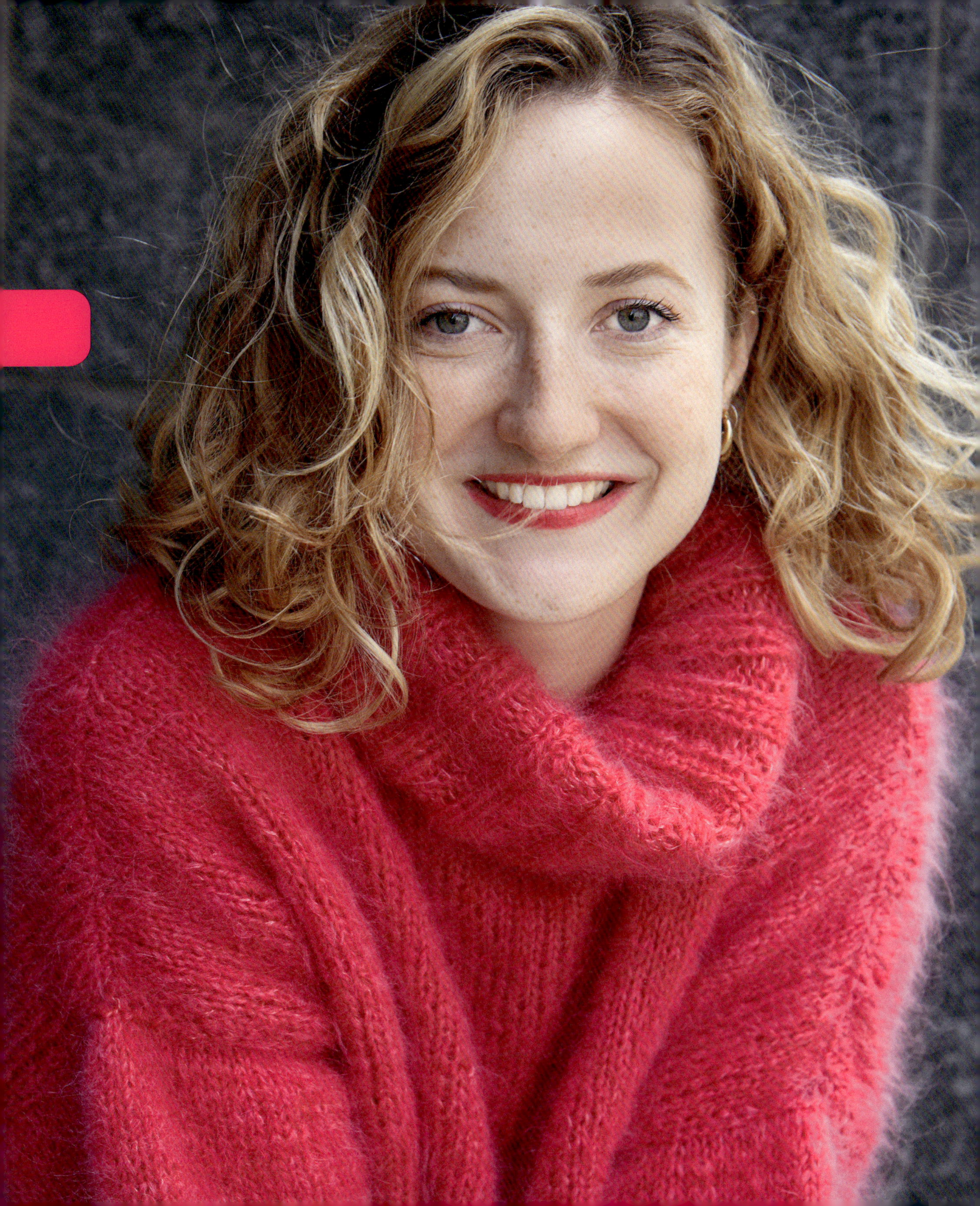

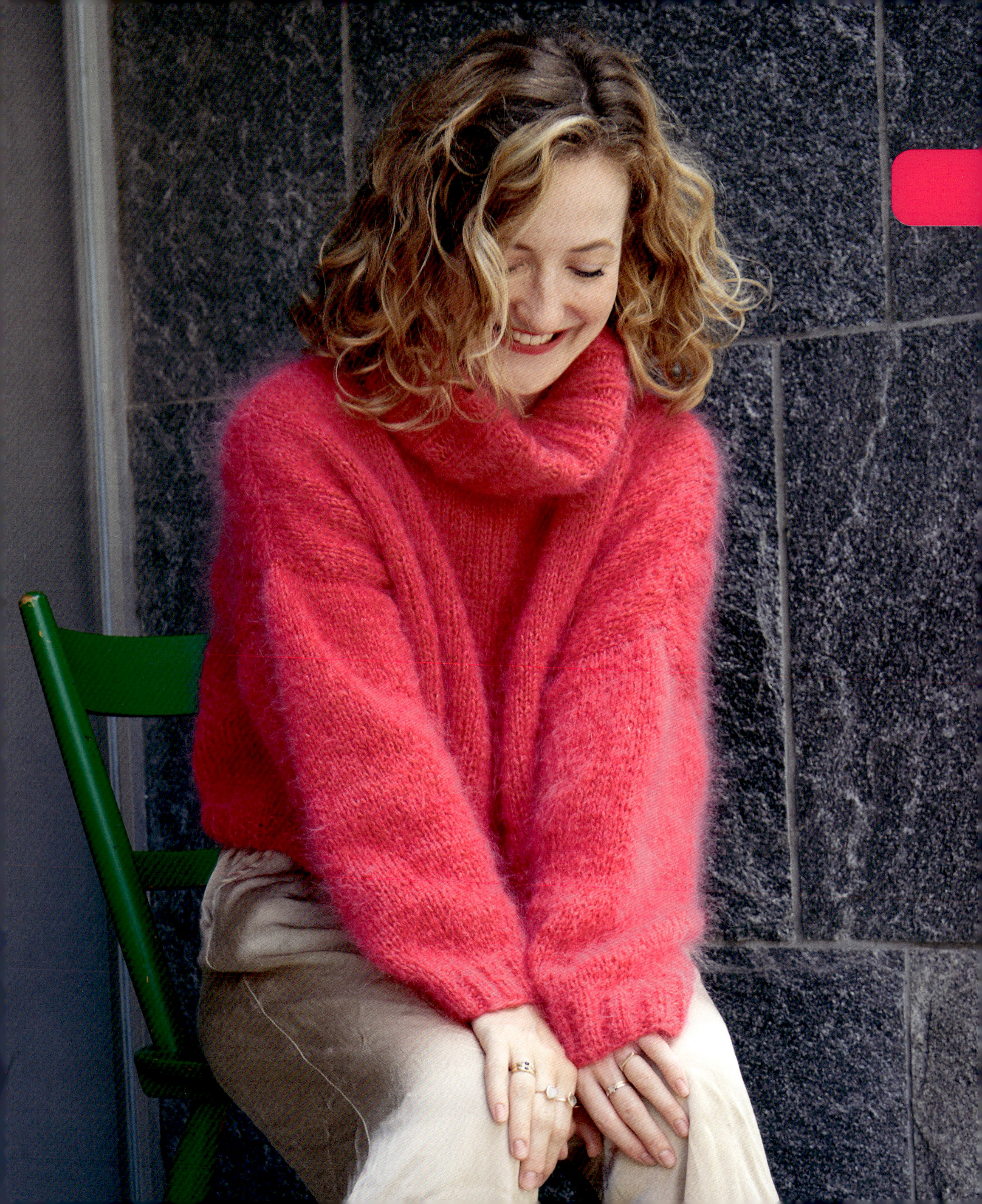

Svenja kommt beim Stricken zur Ruhe und findet es entspannend. Ihre Maschenprobe hat auf Anhieb geklappt und sie kam mit der Anleitung gut zurecht. An das Stricken mit doppeltem Faden musste sie sich erstmal gewöhnen: „Die Wolle ist sehr fein, aber das Garn ist so haarig, dass es gut zusammenhält. Ich hatte auf jeden Fall Spaß beim Stricken, vor allem bei den Ärmeln, da war der Fortschritt so schnell erkennbar“, beschreibt sie ihre Erfahrungen.

Svenjas liebster Strickort: Abends daheim auf der Couch beim Fernsehen – entweder etwas Spannendes oder eine Serie wie Gilmore Girls oder Bridgerton auf Netflix. Durchschnittlich zwei Stunden hing sie an den Nadeln, manchmal auch länger.

Svenjas Fazit: „Bei kreativen Projekten denke ich mir: Es muss nicht perfekt sein, um schön zu sein. Ich habe bei meinem Pullover unabsichtlich einige sichtbare Fehler eingebaut, aber das ist ok!“

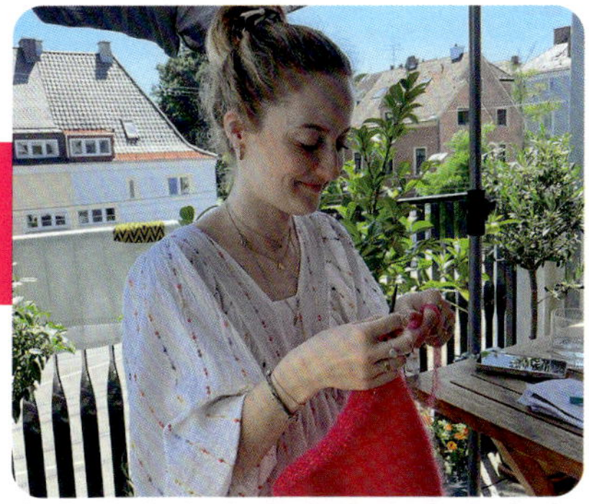

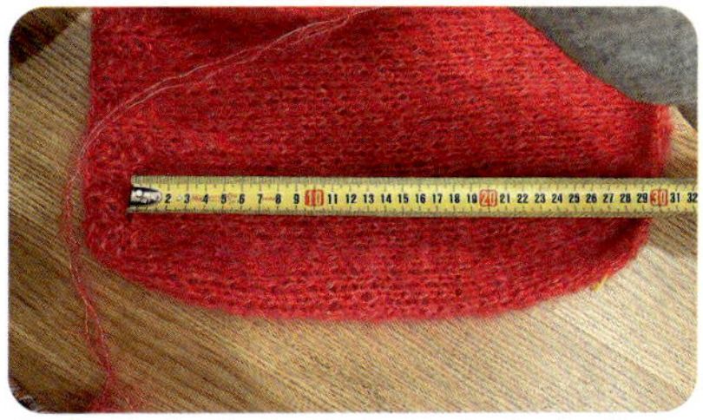

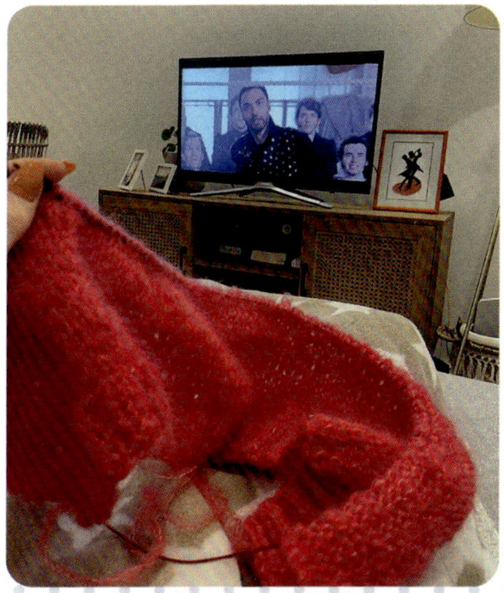

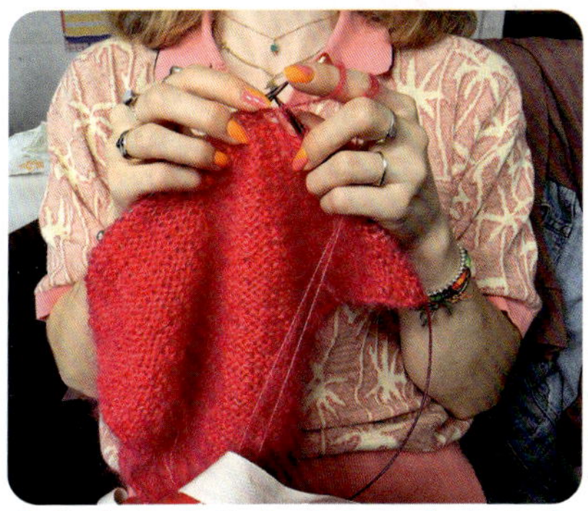

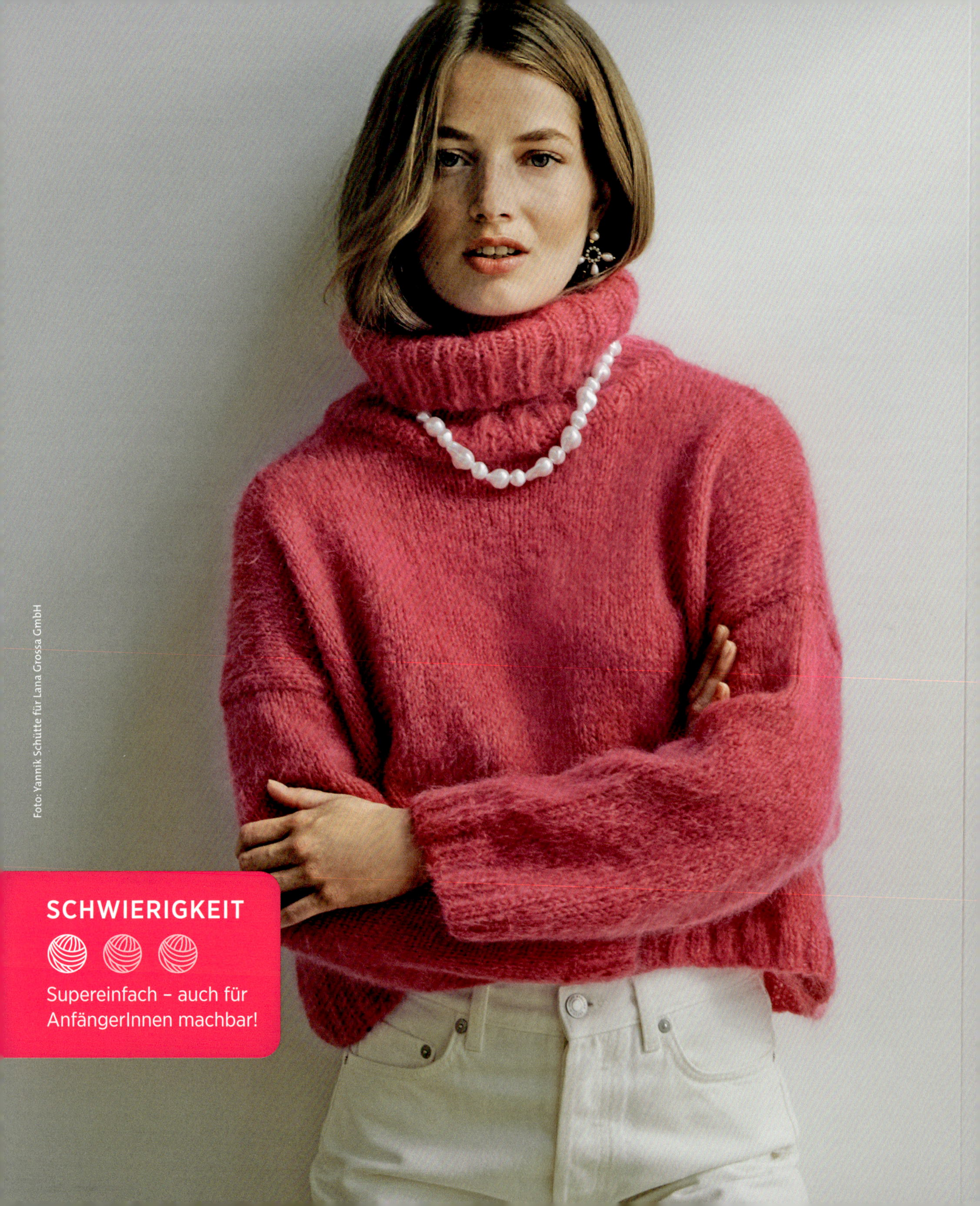

Foto: Yannik Schütte für Lana Grossa GmbH

SCHWIERIGKEIT

Supereinfach – auch für AnfängerInnen machbar!

Rollkragenpullover
in Pink

GRÖßE
36 – 40 (42 – 46)
Die Angaben für Größe 42 – 46 stehen in Klammern. Steht nur eine Angabe, so gilt sie für alle angegebenen Größen.

MATERIAL
Lana Grossa **„Brigitte No. 3“** (40% Mohair (Superkid), 37% Schurwolle, 23% Polyamid; Lauflänge ca. 100 m/25 g):
350 (375) g Pink **(Farbe 28)**.
Die aktuelle Farbpalette besteht aus 49 modischen Farben, aus denen du dir deinen Favoriten aussuchen kannst. Svenja hat sich für die Originalfarbe Pink entschieden.
Stricknadeln Nr. 4,5 und 5 sowie je 1 Rundstricknadel Nr. 4,5 und 5 jeweils in 50 cm Länge

MUSTER
Knötchenrand
Die 1. Masche jeder Reihe wie zum Rechtsstricken abheben. Die letzte Masche jeder Reihe rechts stricken (Lehrgang Seite 117).
Hinweis: Alle Ränder mit Knötchenrand arbeiten!

Rippenmuster
2 Maschen rechts, 2 Maschen links im Wechsel stricken.

Glatt rechts
In Hinreihen rechte Maschen, in Rückreihen linke Maschen stricken.

MASCHENPROBE
Glatt rechts mit Nadeln Nr. 5 und doppeltem Faden gestrickt: 16 Maschen und 22 Reihen = 10 x 10 cm.
Hinweis: Den Pullover durchgängig mit doppeltem Faden stricken!

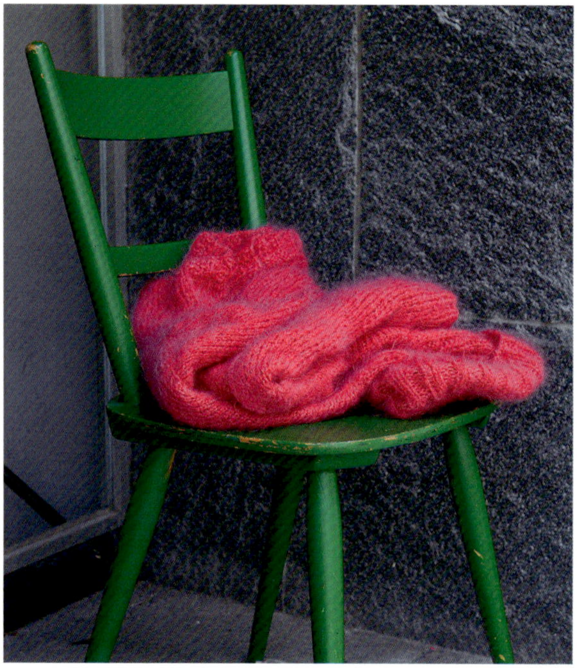

SO WIRD'S GEMACHT

Rückenteil

1. 98 (102) Maschen mit Nadeln Nr. 4,5 und doppeltem Faden anschlagen. Für den Bund 3,5 cm = 7 Reihen im Rippenmuster stricken, dabei mit 1 Rückreihe beginnen und die Maschen wie folgt einteilen: Randmasche, 1 Masche links, 2 Maschen rechts und 2 Masche links im Wechsel, enden mit 1 Masche links und Randmasche.

2. Mit Nadeln Nr. 5 zwischen den Randmaschen glatt rechts weiterarbeiten, dabei in der 1. Hinreihe verteilt 0 (2) Maschen rechts verschränkt aus dem Querfaden zunehmen = 98 (104) Maschen.

3. Nach 18 (20) cm = 40 (44) Reihen ab Bund beidseitig den Beginn der Armausschnitte markieren und gerade weiterstricken.

4. In 21 (23) cm = 46 (50) Reihen Armausschnitthöhe beidseitig für die Schulterschrägungen 1 x 7 Maschen abketten, dann in jeder 2. Reihe noch 1 (4) x je 7 und 3 (0) x je 6 Maschen abketten.

5. In der folgenden Reihe die restlichen 34 Maschen für den geraden Halsausschnittrand abketten.

Vorderteil

6. Punkte 1–3 wie beim Rückenteil arbeiten.

7. Für den runden Halsausschnitt bereits in 19 (21) cm = 42 (46) Reihen Armausschnitthöhe die mittleren 16 Maschen abketten und beide Seiten getrennt weiterstricken. Am inneren Rand für die weitere Rundung in jeder 2. Reihe noch 1 x 3, 2 x je 2 und 2 x je 1 Masche abketten.

8. Gleichzeitig in 21 (23) cm = 46 (50) Reihen Armausschnitthöhe für die Schulterschrägung am äußeren Rand 1 x 7 Maschen abketten, dann in jeder 2. Reihe noch 1 (4) x je 7 und 3 (0) x je 6 Maschen abketten.

9. In gleicher Höhe wie beim Rückenteil sind alle Maschen aufgebraucht.

Ärmel

10. 46 (54) Maschen mit Nadeln Nr. 4,5 und doppeltem Faden anschlagen. Für den Bund 4,5 cm = 9 Reihen im Rippenmuster stricken, dabei mit 1 Rückreihe beginnen und die Maschen wie folgt einteilen: Randmasche, 1 Masche links, 2 Maschen rechts und 2 Masche links im Wechsel, enden mit 1 Masche links und Randmasche.

11. Mit Nadeln Nr. 5 zwischen den Randmaschen glatt rechts weiterarbeiten, dabei in der 1. Hinreihe verteilt 0 (2) x je 2 Maschen rechts zusammenstricken = 46 (52) Maschen.
12. Für die Ärmelschrägungen beidseitig in der 5. Reihe ab Bund 1 x 1 Masche zunehmen, dann in jeder 6. Reihe noch 11 x je 1 Masche zunehmen, dazu jeweils neben der Randmasche 1 Masche rechts verschränkt aus dem Querfaden herausstricken = 70 (76) Maschen.
13. Nach 34 cm = 76 Reihen ab Bund alle Maschen locker abketten.
14. Den 2. Ärmel ebenso arbeiten.

FERTIGSTELLEN

15. Schulternähte schließen.
16. Für den Rollkragen 80 Maschen mit der Rundstricknadel Nr. 4,5 und doppeltem Faden aus dem Halsausschnittrand auffassen. In Runden im Rippenmuster stricken, dabei nach 4 cm Kragenhöhe mit der Rundstricknadel Nr. 5 weiterarbeiten. In insgesamt 22 cm Kragenhöhe die Maschen locker abketten, wie sie erscheinen.
17. Die Ärmel zwischen den Markierungen annähen, dann Seiten- und Ärmelnähte in einem Arbeitsgang schließen.
18. Alle Fäden vernähen.

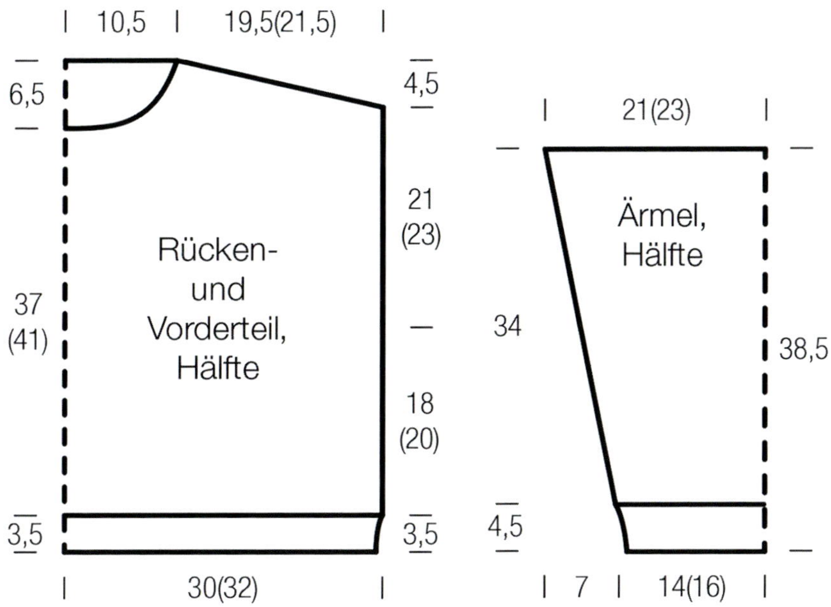

Die Genuss-Strickerin

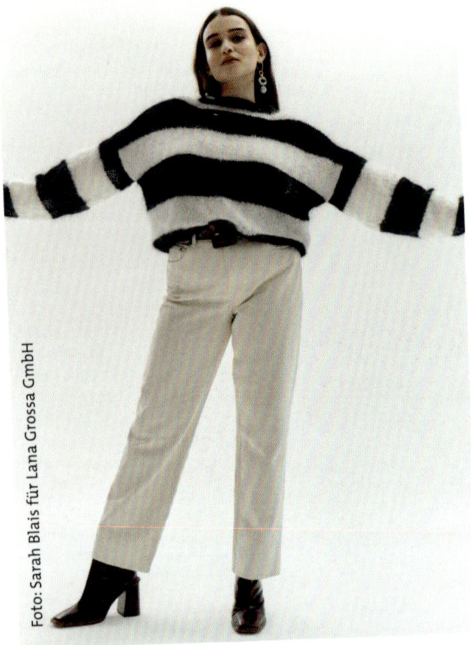

Sandra hat sich für den Blockstreifen-Pulli entschieden

„Es ist etwas, das ich selbst gemacht habe und in dem etwas von mir drin steckt. Dazu noch die schöne, sinnliche Haptik – beim Stricken streichelt man sich und seine Seele selbst. Und ein bisschen Stolz ist auch immer dabei. Wenn man sich konzentrieren muss, dann kriegt man den Kopf ganz frei. Wenn das Stricken nebenbei läuft, dann finde ich es immer noch faszinierend, dass die Hände ganz von allein eine Bewegung ausführen und dabei etwas geschaffen wird!", lautet Sandras Liebeserklärung ans Stricken.

Sandras Terrasse ist eine grüne Oase – kein Wunder, dass sie neben ihrer Couch und dem Beifahrersitz auf langen Autofahrten ihr liebster Strickort ist.
„Ich bin vom Typ her eher hibbelig und muss immer was machen. Meine Hobbys sind Wandern, Segeln, Reisen, Pilates, Stricken, Nähen, Häkeln, Backen und

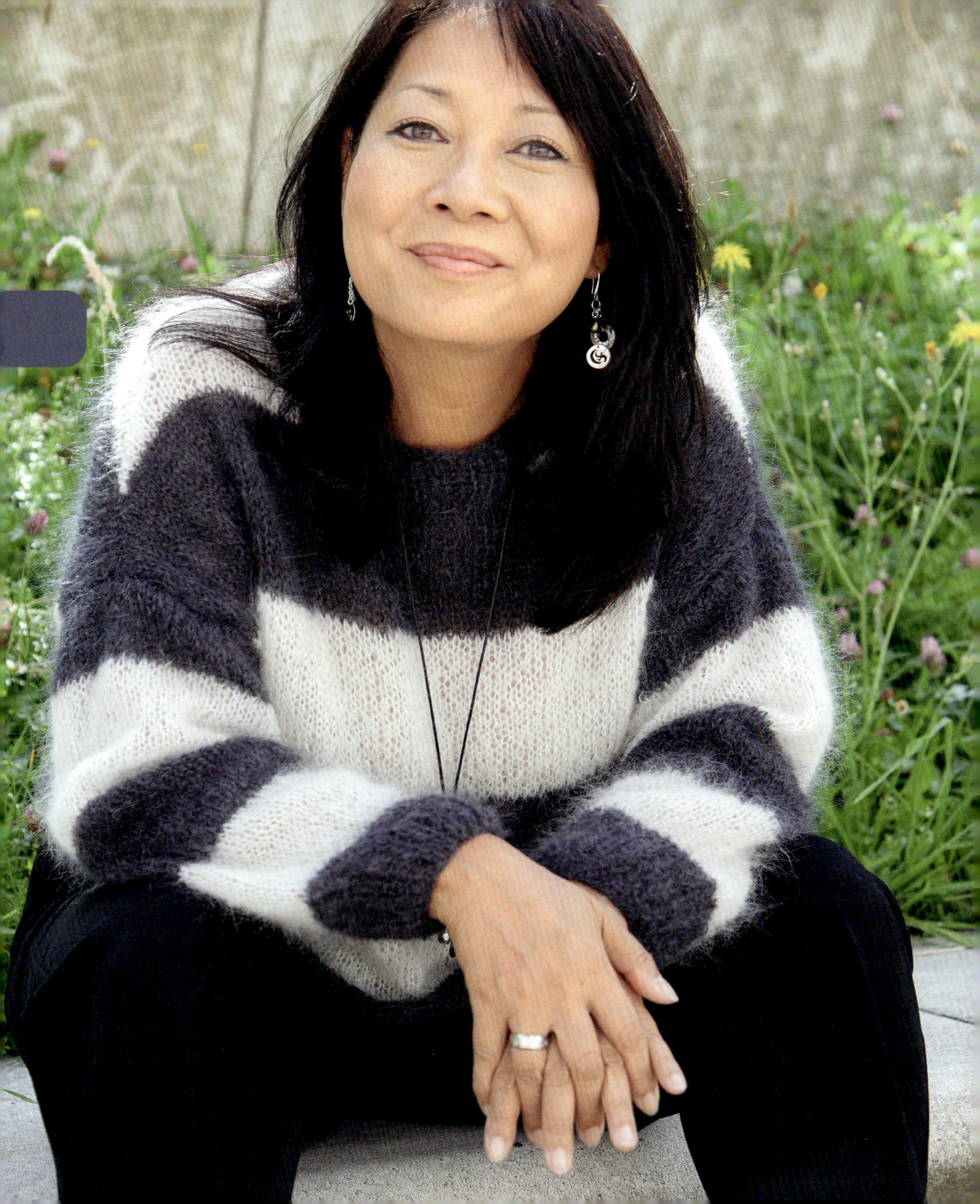

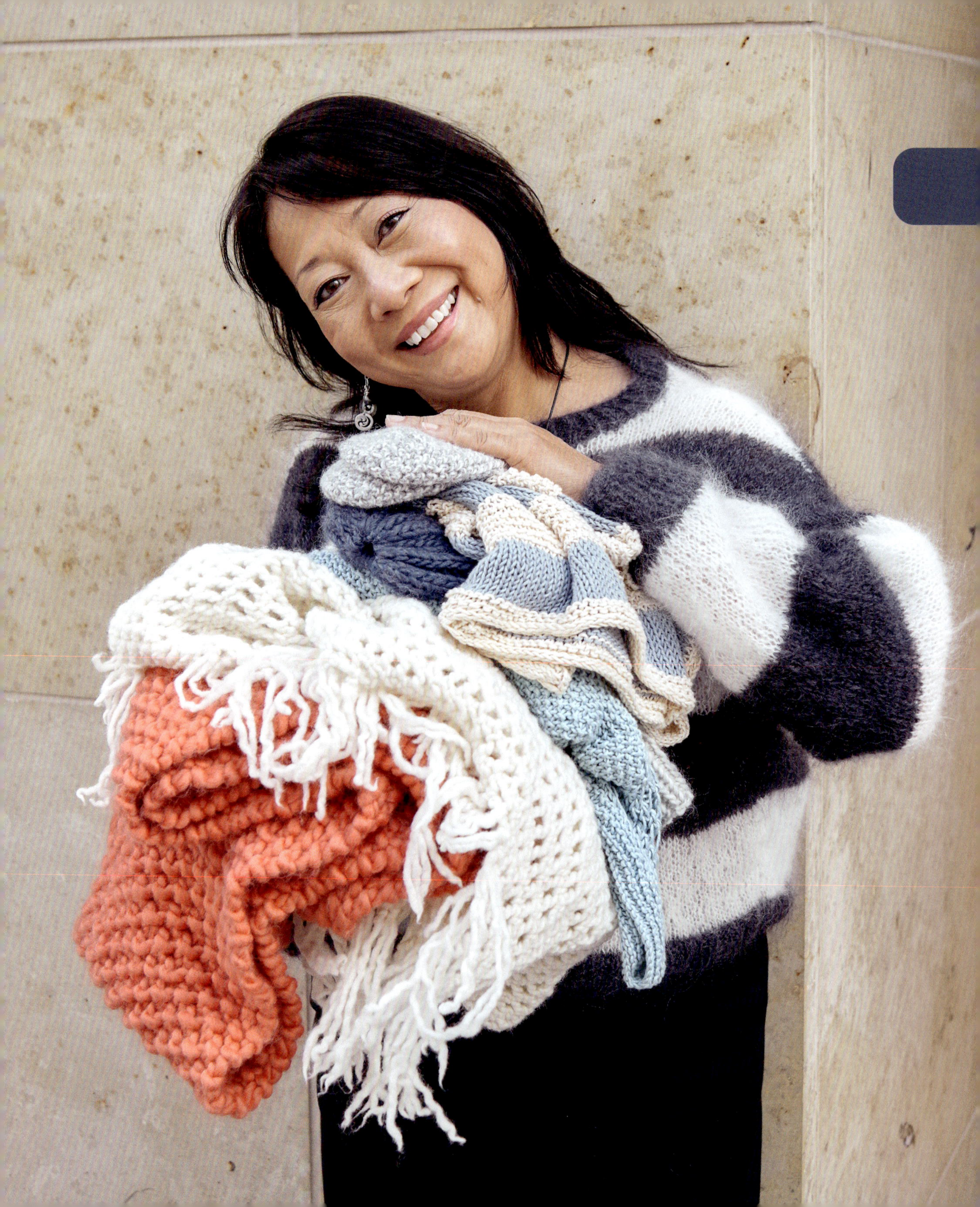

Marmelade einkochen. 2016 habe ich mir das Sprunggelenk gebrochen. Die sechswöchige Zwangspause auf dem Sofa hat mich fast kirre gemacht – bis ich mich aufs Stricken besann. Gelernt hatte ich es schon in der Schule, in den guten alten Handarbeitsstunden", erzählt sie vom Wiederaufflammen ihrer Maschenliebe.

„Die Wolle verzeiht eine falsch gestrickte Masche, es war nicht schlimm, wenn ich vor lauter Flausch beim Bündchen nicht erkennen konnte, ob rechts oder links dran war. Bei den Farben habe ich mich für Anthrazit statt Schwarz entschieden, das macht den Kontrast weniger hart", beschreibt die Münchnerin ihre Materialwahl.

Sandras Projekt-Tipp: „Beim Halsausschnitt habe ich beim ersten Mal zu viele Maschen aufgefasst, dadurch stand er ab. Nach dem Auftrennen habe ich weniger Maschen auf die Nadeln genommen und Nadelstärke 3,5 statt 4,5 verwendet. Das hat super geklappt."

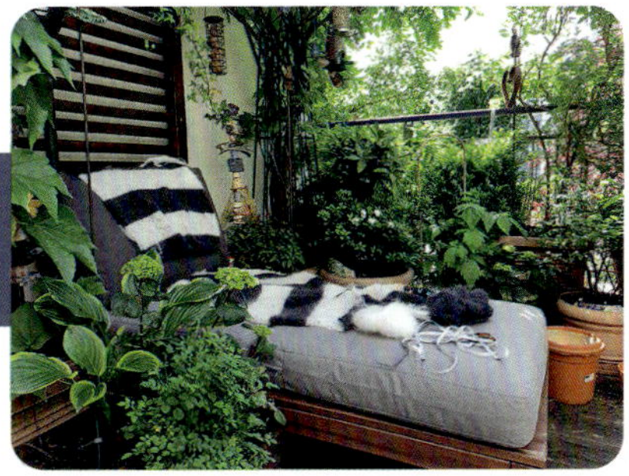

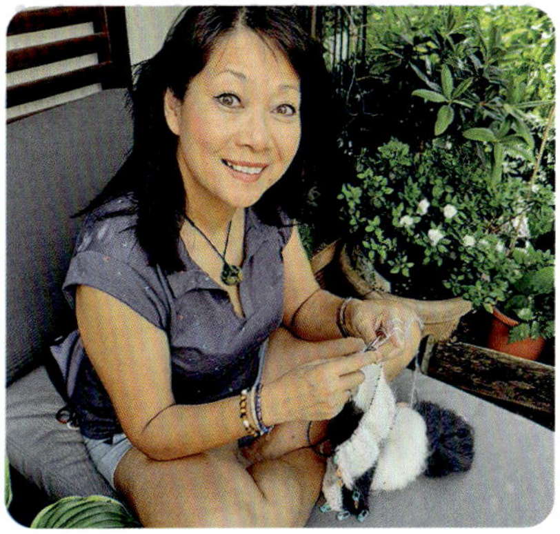

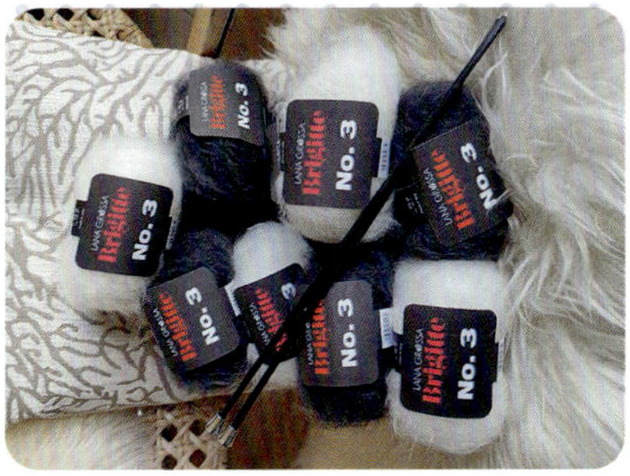

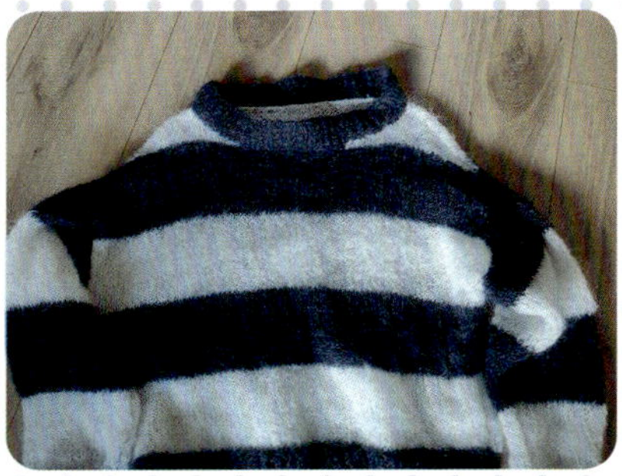

Sweater mit Blockstreifen

GRÖßE

38/40 und 42/44
Die Angaben für Größe 42/44 stehen in der Klammer. Bei nur einer Angabe gilt diese für beide Größen.

MATERIAL

Lana Grossa **„Brigitte No. 3"** (40% Mohair, 37% Schurwolle, 23% Polyamid; Lauflänge ca. 100 m/25 g): **100 (125) g** in Schwarz **(Farbe 10)** und **100 (125) g** in Weiß **(Farbe 20)**.
Lana Grossa **„Diamante"** (100% Polyester; Lauflänge ca. 195 m/25 g): **50 (75) g** in Weiß **(Farbe 14)**.
49 Farben stehen in der aktuellen Farbpalette der Qualität „Brigitte No. 3" zur Wahl, aus denen du deine Favoriten zusammenstellen kannst. Der Beilauffaden „Diamante" verleiht den weißen Streifen etwas Glanz. Der Pulli kann sehr gut auch ohne den Beilauffaden gearbeitet werden, auch kann die Breite der Streifen gerne variiert werden.
Sandra hat bei ihrem Pullover die Farbe Schwarz durch Anthrazit **(Farbe 11)** ersetzt, sich sonst aber an die Angaben im Grundmodell gehalten.
Stricknadeln Nr. 5 und 4 sowie eine Rundstricknadel Nr. 4 in 40 cm Länge

MUSTER

Glatt rechts
In Hinreihen rechte Maschen, in Rückreihen linke Maschen stricken.

Rippenmuster
1 Masche rechts und 1 Masche links im Wechsel stricken.

Einfache Randmasche
In Hinreihen die 1. Masche wie zum Rechtsstricken abheben und die letzte Masche rechts stricken. In Rückreihen die 1. Masche wie zum Linksstricken abheben und die letzte Masche links stricken.

Streifenfolge Vorder- und Rückenteil
20 (22) Reihen = 10 (11) cm mit 1 Faden „Brigitte No. 3" in Weiß und 1 Faden „Diamante".
22 (24) Reihen = 11 (12) cm mit 1 Faden „Brigitte No. 3" in Schwarz.

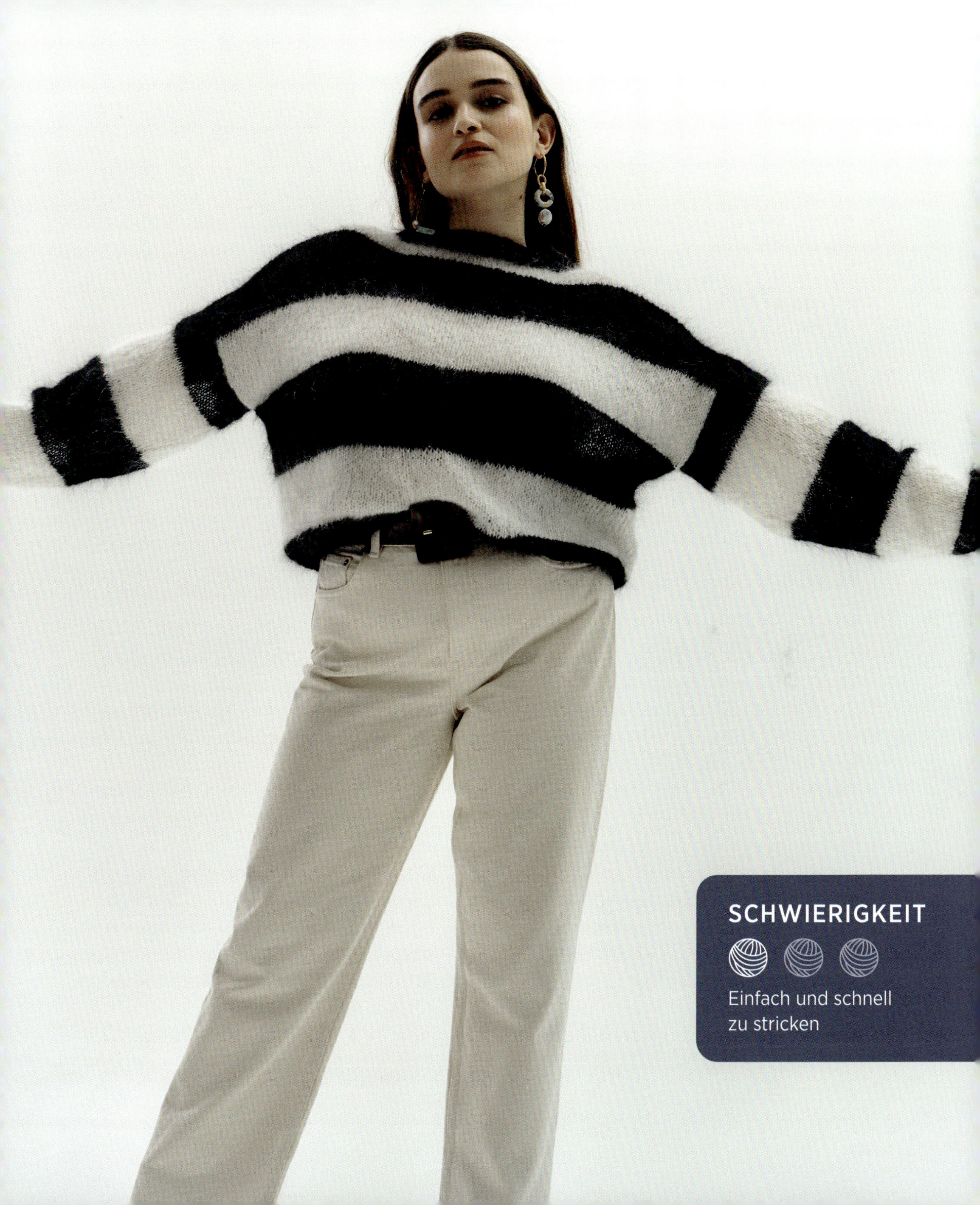

SCHWIERIGKEIT

Einfach und schnell zu stricken

22 (24) Reihen = 11 (12) cm mit 1 Faden „Brigitte No. 3“ in Weiß und 1 Faden „Diamante“.
22 (24) Reihen = 11 (12) cm mit 1 Faden „Brigitte No. 3“ in Schwarz.
Enden mit 1 Faden „Brigitte No. 3“ in Weiß und 1 Faden „Diamante“.

Streifenfolge Ärmel

20 (22) Reihen = 10 (11) cm mit 1 Faden „Brigitte No. 3“ in Weiß und 1 Faden „Diamante“.
22 (24) Reihen = 11 (12) cm mit 1 Faden „Brigitte No. 3“ in Schwarz.
22 (24) Reihen = 11 (12) cm mit 1 Faden „Brigitte No. 3“ in Weiß und 1 Faden „Diamante“.
Enden mit 1 Faden „Brigitte No. 3“ in Schwarz.
Hinweis: Die weißen Streifen werden mit je einem Faden „Brigitte No. 3“ und einem Faden „Diamante“ gestrickt, die schwarzen Streifen nur mit einem Faden „Brigitte No. 3“.

MASCHENPROBE

Mit Nadeln Nr. 5 glatt rechts gestrickt:
16 Maschen und 20 Reihen = 10 x 10 cm.

SO WIRD'S GEMACHT

Rückenteil

1. 86 (98) Maschen mit Nadeln Nr. 4 und dem Faden „Brigitte No. 3“ in Schwarz anschlagen und zwischen den Randmaschen 6 cm im Rippenmuster stricken. Dabei in der letzten Rückreihe des Bündchens nur linke Maschen stricken.
2. Zu Nadeln Nr. 5 wechseln und mit je einem Faden „Brigitte No. 3“ in Weiß und einem Faden „Diamante“ glatt rechts gemäß der Streifenfolge weiterarbeiten.
3. Für die Seitenschrägungen in der 13. Reihe ab Bund und noch 4 x in jeder folgenden 10. Reihe am Reihenanfang nach der Randmasche und am Reihenende vor der Randmasche je 1 Masche rechts verschränkt aus dem Querfaden zunehmen = 96 (108) Maschen.
4. In der 21. (23.) Reihe des letzten schwarzen Streifens mit den Abnahmen für die Schulterschrägungen beginnen und beidseitig in jeder 2. Reihe 1 x 7, 1 x 4 und 6 x je 3 Maschen (1 x 7 und 7 x je 4 Maschen) abketten.
5. Nach der letzten Abnahme die verbleibenden 38 Maschen für den Halsausschnitt abketten.

Vorderteil

6. Punkte 1–3 wie beim Rückenteil arbeiten.
7. In der 21. (23.) Reihe des letzten schwarzen Streifens mit den Abnahmen für die Schulterschrägungen und gleichzeitig mit dem Halsausschnitt beginnen. Dafür in der nächsten Reihe für die Schulterschrägungen beidseitig 1 x 7 Maschen abketten und gleichzeitig für den Halsausausschnitt die mittleren 16 Maschen abketten.
8. Beide Seiten getrennt beenden, dabei für die Schulterschrägung am äußeren Rand in jeder 2. Reihe noch 1 x 4 und 6 x je 3 Maschen (7 x je 4 Maschen) abketten. Gleichzeitig für die Halsrundung am inneren Rand in jeder 2. Reihe noch 1 x 4, 1 x 3, 1 x 2 und 2 x je 1 Masche abketten.
9. In 56 (60) cm Gesamthöhe sind alle Maschen aufgebraucht.

Ärmel

10. 42 Maschen mit Nadeln Nr. 4 und dem Faden „Brigitte No. 3" in Schwarz anschlagen und zwischen den Randmaschen 7 cm im Rippenmuster stricken, dabei in der letzten Rückreihe des Bündchens nur linke Maschen stricken.

11. Zu Nadeln Nr. 5 wechseln und mit je einem Faden „Brigitte No. 3" in Weiß und „Diamante" glatt rechts gemäß der Streifenfolge weiterarbeiten, dabei in der 1. Reihe 8 x nach jeder 5. Masche (1 x nach der Randmasche und 13 x nach jeder 3. Masche) je 1 Masche rechts verschränkt aus dem Querfaden zunehmen = 50 (56) Maschen.

12. Für die Ärmelschrägungen ab Bund beidseitig 3 x in jeder 6. Reihe und 7 x in jeder 8. Reihe je 1 Masche rechts verschränkt aus dem Querfaden zunehmen = 70 (76) Maschen. In 45 cm Gesamthöhe alle Maschen abketten.

13. Den 2. Ärmel ebenso arbeiten.

FERTIGSTELLEN

14. Die Schulternähte schließen.

15. 94 Maschen mit Rundstricknadel Nr. 4 und dem Faden „Brigitte No. 3" in Schwarz aus dem Halsausschnitt auffassen und zur Runde schließen. Über 4 cm im Rippenmuster stricken, dann alle Maschen locker abketten.

16. Die Ärmel laut Schnitt an die Seitenkante nähen, dabei darauf achten, dass die Ärmelmitte an der Schulternaht liegt. Dann die Seiten- und Ärmelnähte in einem Arbeitsgang schließen.

17. Alle Fäden vernähen.

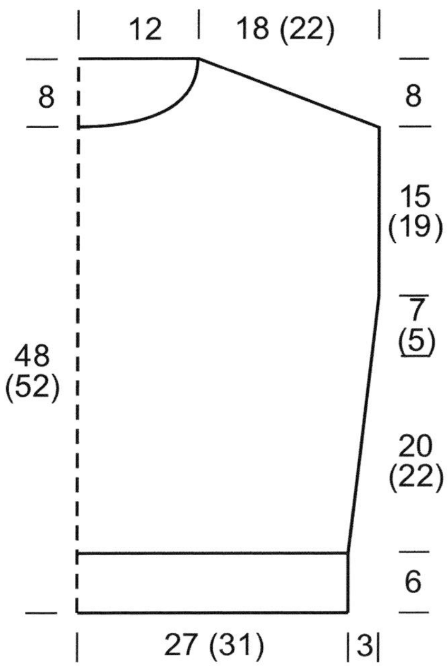

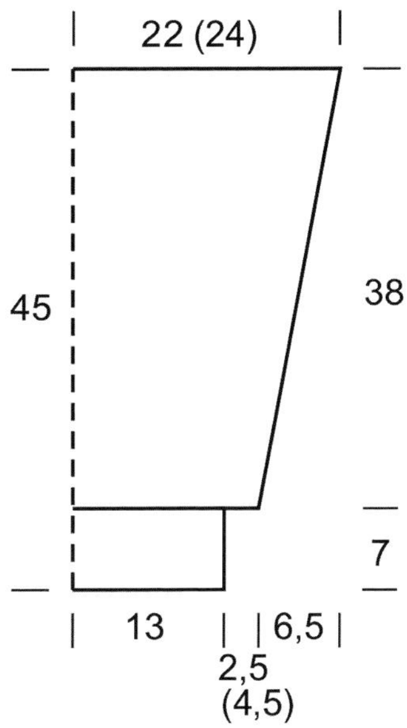

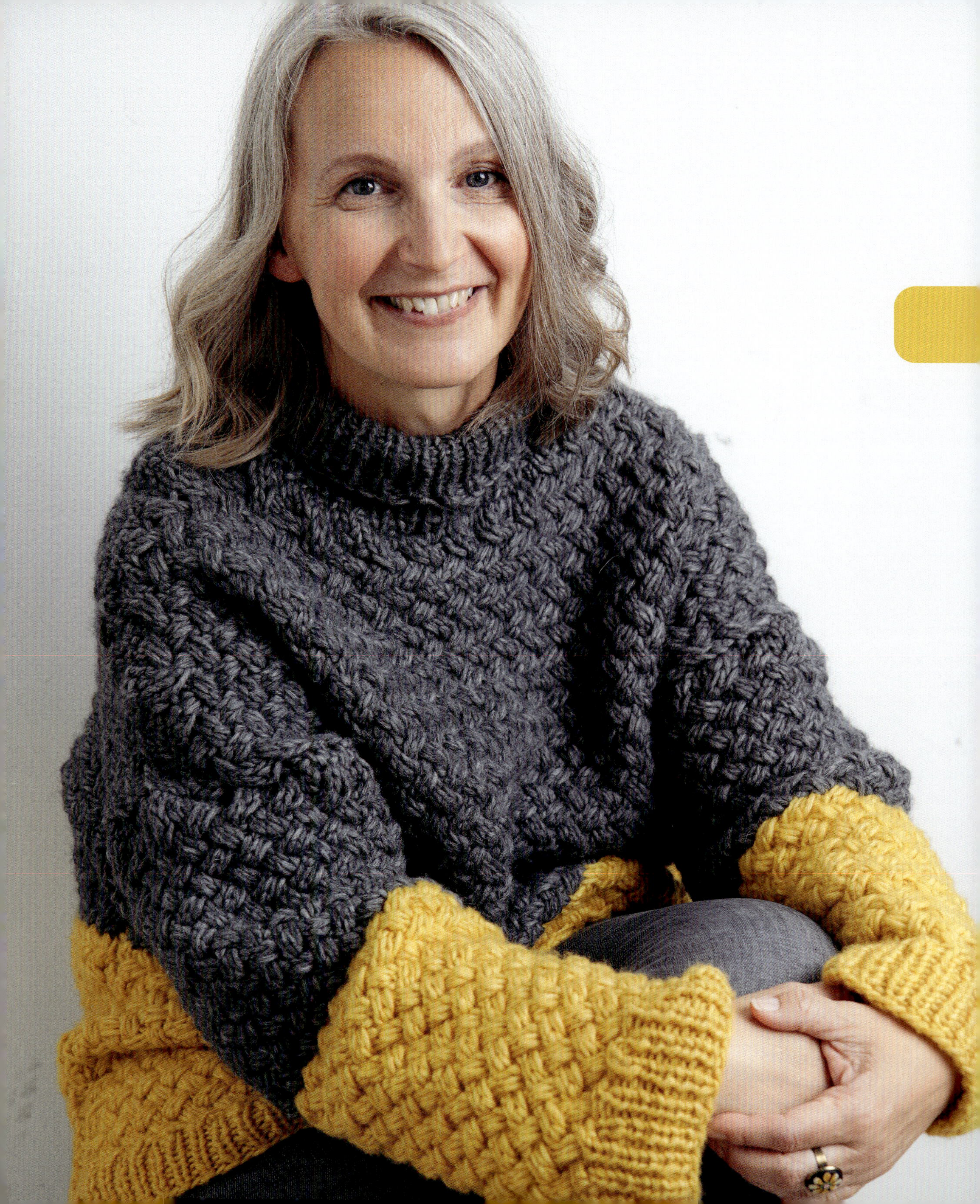

Die Muster-Meisterin

Die Farbblöcke haben ihr gefallen, genauso wie der großzügige Schnitt – aber auch das Muster mit den Überkreuzungen fand Karen spannend. Bei den Farben entschied sie sich für Gelb – ihr persönlicher Favorit – kombiniert mit Dunkelgrau, damit das Ganze schön tragbar bleibt. So kam Karen zu ihrem neuen Lieblingspulli.

„Ich bin Freiberuflerin und arbeite von zu Hause aus. Mein Büro im Dachboden wird manchmal recht kühl – mein Comfy Sweater ist daher perfekt für meine Arbeit. Ich fühle mich damit gut angezogen, habe es aber gemütlich. So ein warmer, bequemer Pulli fehlte in meinem Kleiderschrank“, zählt sie die Vorteile ihres Modells auf.

Ihr Hund Frieda ist Karens ständige Begleiterin und war daher auch beim Stricken immer dabei – sehr behaglich, aber es bedeutet auch, dass man regelmäßig Hundehaare aus dem Strickzeug ziehen muss.

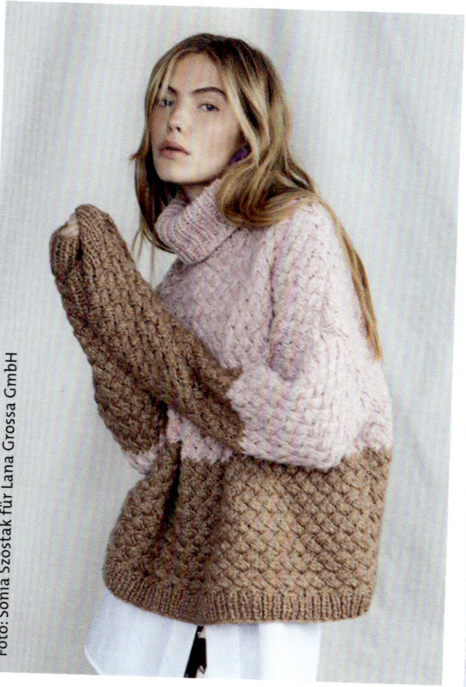

Foto: Sonia Szóstak für Lana Grossa GmbH

Karen hat diesen Pulli in neuen Farben gestrickt

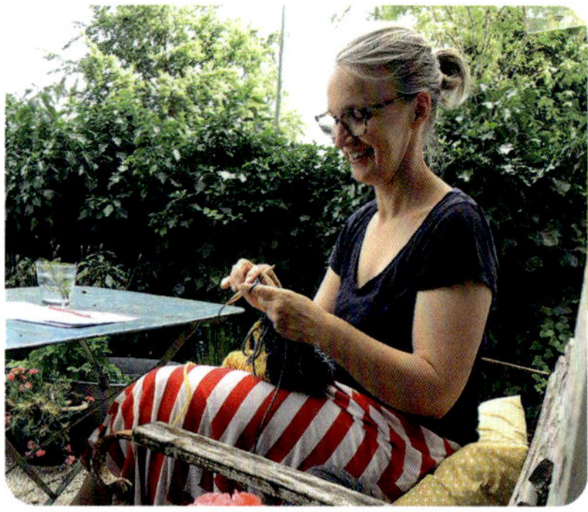

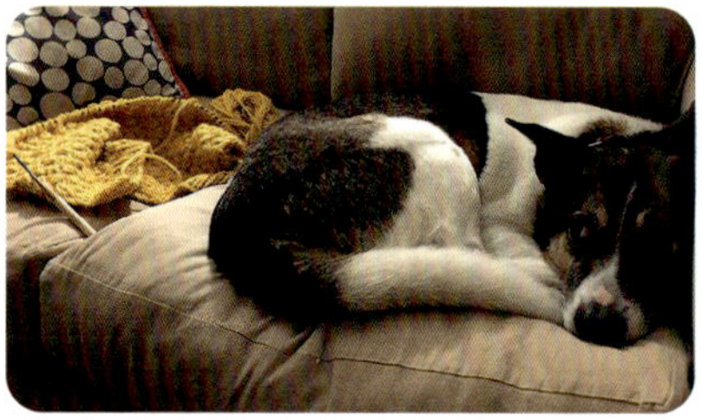

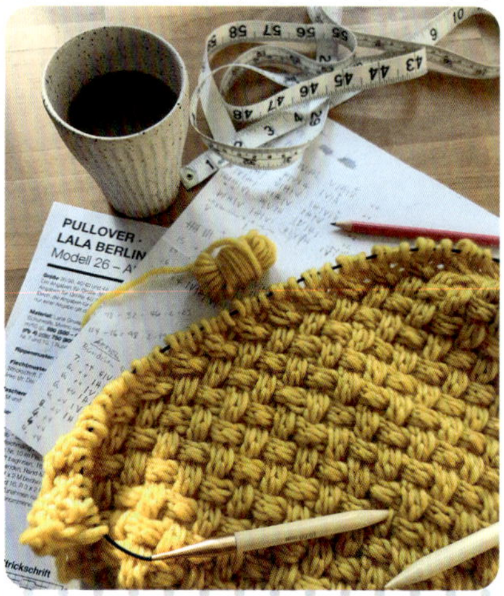

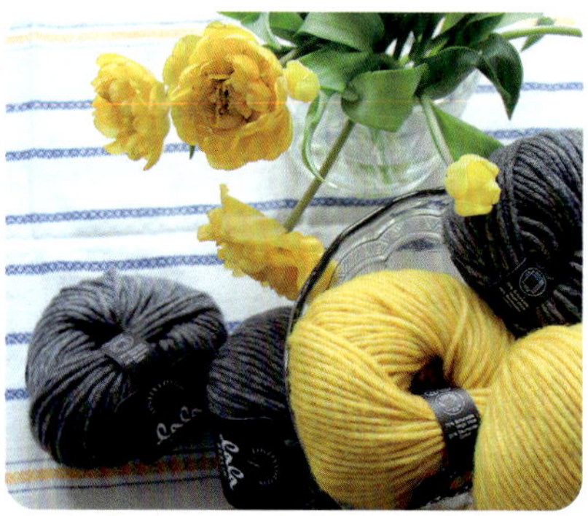

Das Muster sieht toll aus, beim Stricken stellte es Karen aber vor Herausforderungen: „Ich habe eine Maschenprobe gemacht, aber wohl lockerer gestrickt als normal, da ich mich erst an das Flechtmuster gewöhnen musste. Nachdem ich beim Rückenteil ziemlich weit war, musste ich alles nochmal auftrennen. Ich habe ein bisschen gerechnet und festgestellt, dass ich mit den Maschenangaben der größten Größe bei meiner Maschenprobe auf die Maße von meiner richtigen Größe komme. Das ständige Überkreuzen ist schon ein bisschen mühselig, aber so nach und nach wurde ich schneller. Ich fand es ganz spannend, einmal richtig nach Anleitung zu arbeiten. Oft suche ich nämlich einfach nur Wolle aus und stricke nach meinen eigenen Vorstellungen.“

Karens besonderes Strickvergnügen:
„Zu sehen, wie das Stück nach und nach wächst – nur mit einem Faden und zwei ‚Stöcken‘.“

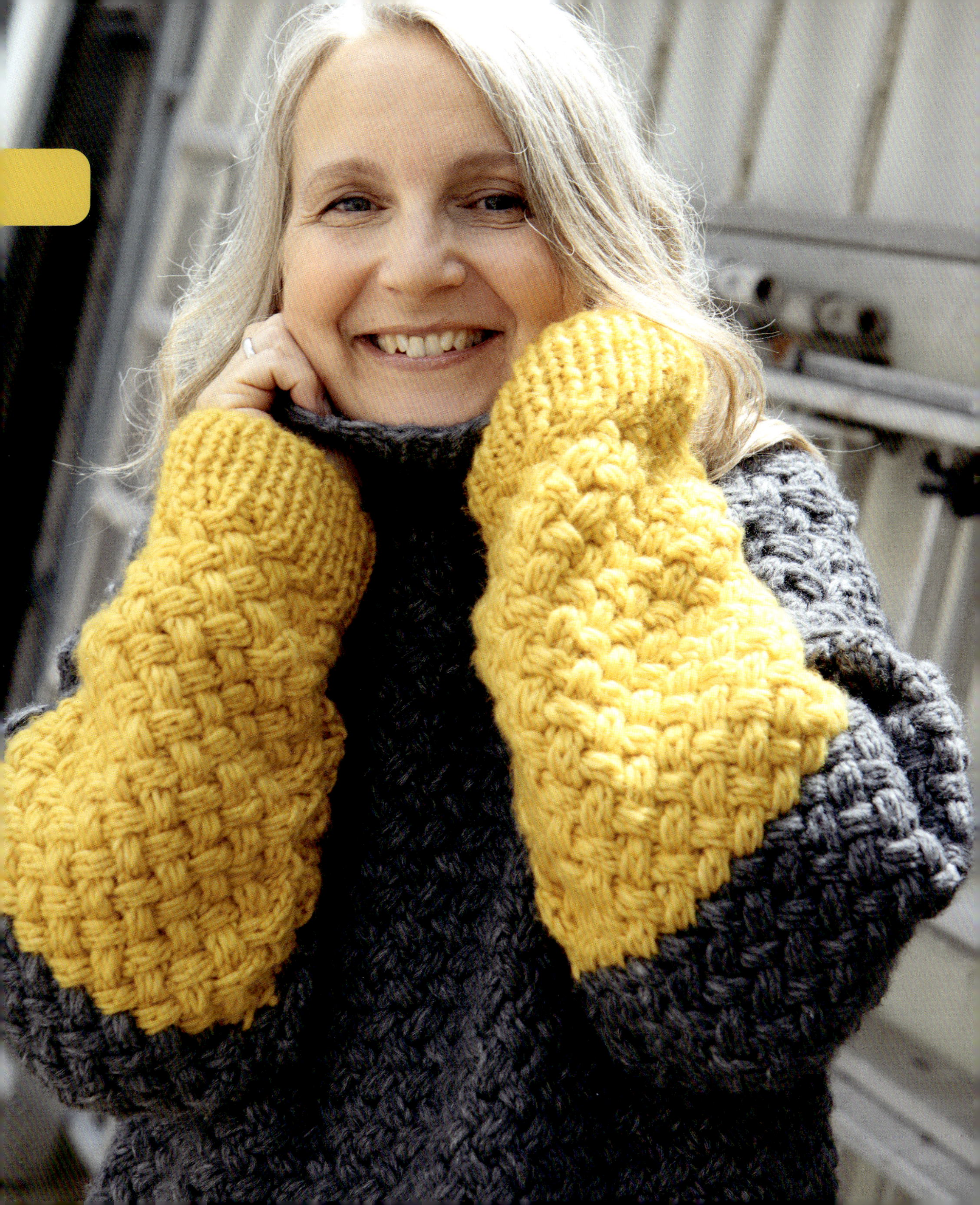

Sweater mit Flechtmuster
und Farbflächen

GRÖẞE

36/38, 40/42 und 44
Die Angaben für Größe 36/38 stehen vor der Klammer, die Angaben für Größe 40/42 stehen in der Klammer vor dem Strich, die Angaben für Größe 44 stehen nach dem Strich. Bei nur einer Angabe gilt diese für alle Größen.

MATERIAL

Lana Grossa **„Lala Berlin Lovely Cotton“** (75% Schurwolle (Merino), 25% Baumwolle; Lauflänge 90 m/50 g): **500 (550–600) g** in **Farbe A** und **250 g** in **Farbe B**.
Die Farbkollektionen werden saisonal überarbeitet, dadurch sind nicht mehr alle Farben des Originalmodells verfügbar. Stelle dir aus 18 aktuellen Farbtönen deine Lieblingsfarbkombination zusammen.
Karen hat die Farben Dunkelgrau **(Farbe 19 = A)** und Gelb **(Farbe 15 = B)** verwendet.
Stricknadeln Nr. 7 und 10 sowie 1 Rundstricknadel Nr. 7 in 40 cm Länge, 1 Zopfnadel

MUSTER

Rippenmuster
1 Masche rechts, 1 Masche links im Wechsel stricken.

Flechtmuster
Maschenzahl teilbar durch 4 + 2 Randmaschen. Siehe Strickschrift. Es sind die Hinreihen gezeichnet. In den Rückreihen alle Maschen links stricken. Mit 1 Randmasche und den Maschen vor dem Rapport beginnen, den Rapport stets wiederholen, enden mit den Maschen nach dem Rapport und 1 Randmasche. Die 1.–4. Reihe stets wiederholen.

MASCHENPROBE

Mit Nadeln Nr. 10 im Flechtmuster:
16 Maschen und 14 Reihen = 10 x 10 cm.

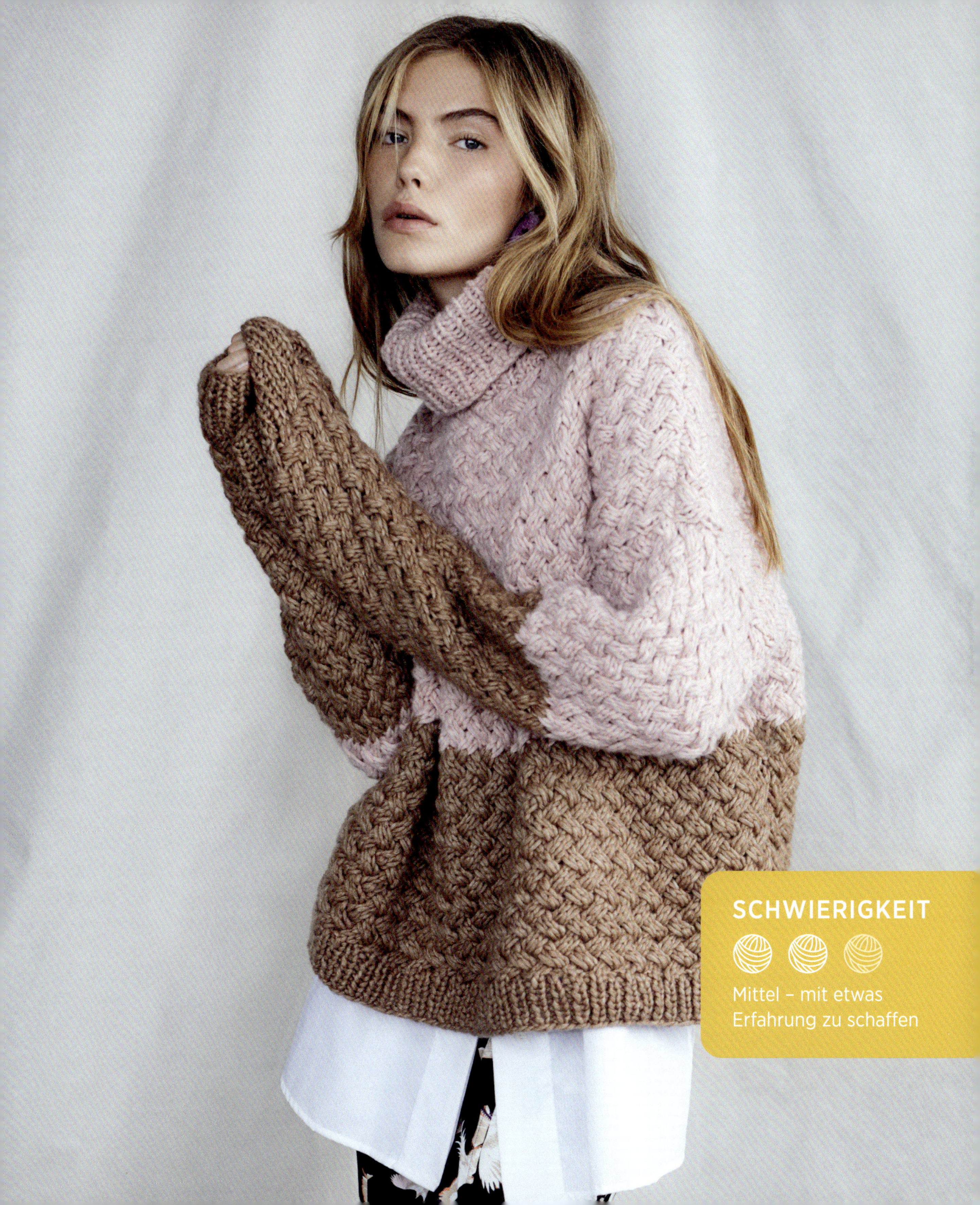

SCHWIERIGKEIT

Mittel – mit etwas Erfahrung zu schaffen

SO WIRD'S GEMACHT

Rückenteil

1. 66 (74 – 82) Maschen mit Nadeln Nr. 7 in Farbe B anschlagen. Im Rippenmuster stricken, dabei in der 1. Reihe (= Rückreihe) die Maschen wie folgt einteilen: Randmasche, * 1 Masche links, 1 Masche rechts, ab * stets wiederholen, Randmasche. Nach 4,5 cm in der letzten Rückreihe gleichmäßig verteilt 16 Maschen zunehmen = 82 (90 – 98) Maschen.

2. Mit Nadeln Nr. 10 im Flechtmuster weiterarbeiten, dabei mit 1 Randmasche und den 4 Maschen vor dem Rapport beginnen, 18 (20 – 22) x den Rapport wiederholen, enden mit den 4 Maschen nach dem Rapport und 1 Randmasche.

3. Für die Seitenschräge in der 15. (17. – 19.) Reihe ab Bund 1 x 2 Maschen beidseitig zunehmen, dann abwechselnd in jeder 14. und 16. Reihe 3 x je 2 Maschen beidseitig zunehmen = 98 (106 – 114) Maschen. Für die Zunahmen nach bzw. vor den Randmaschen aus dem Querfaden 2 Maschen (1 Masche rechts und 1 Masche rechts verschränkt) herausstricken und die zugenommenen Maschen nach und nach in das Flechtmuster einfügen.

4. In 25 cm Gesamthöhe mit Farbe A weiterstricken.

5. In 35 cm Gesamthöhe beidseitig den Beginn der Armausschnitte markieren.

6. In 59 (60 – 61) cm Gesamthöhe für die Schulterschräge beidseitig 1 x 7 (8 – 9) Maschen abketten, dann in jeder 2. Reihe 3 x je 8 (9 – 10) Maschen abketten.

7. In 62 (63 – 64) cm Gesamthöhe für den Halsausschnitt die mittleren 32 Maschen abketten und beide Seiten getrennt beenden. Für die Rundung in der folgenden 2. Reihe noch 1 x 2 Maschen abketten. Damit sind alle Maschen aufgebraucht.

Vorderteil

8. Punkte 1–4 wie beim Rückenteil arbeiten.

9. In 58 (59 – 60) cm Gesamthöhe für den tieferen Halsausschnitt die mittleren 16 Maschen abketten und beide Seiten getrennt beenden. Für die Rundung am inneren Rand in jeder 2. Reihe 1 x 4 und 3 x je 2 Maschen abketten.

10. Gleichzeitig in 59 (60 – 61) cm Gesamthöhe für die Schulterschräge an der äußeren Kante 1 x 7 (8 – 9) Maschen abketten, dann in jeder 2. Reihe 3 x je 8 (9 – 10) Maschen abketten.

11. In gleicher Höhe wie beim Rückenteil sind alle Maschen aufgebraucht.

Ärmel

12. 40 Maschen mit Nadeln Nr. 7 in Farbe B anschlagen. Im Rippenmuster stricken, dabei in der 1. Reihe (= Rückreihe) die Maschen wie beim Rückenteil einteilen. Nach 6 cm in der letzten Rückreihe gleichmäßig verteilt 10 Maschen zunehmen = 50 Maschen.

13. Mit Nadeln Nr. 10 im Flechtmuster weiterarbeiten, dabei mit 1 Randmasche und den 4 Maschen vor dem Rapport beginnen, 10 x den Rapport wiederholen, enden mit den 4 Maschen nach dem Rapport und 1 Randmasche.

14. Für die Ärmelschrägungen in der 9. (9. – 7.) Reihe ab Bund beidseitig 1 x 2 Maschen wie beim Rückenteil zunehmen, dann 6 x abwechselnd in jeder 6. und 8. Reihe (7 x in jeder 6. Reihe – 6 x in jeder 6. Reihe und 2 x in jeder 4. Reihe) je 2 Maschen zunehmen und nach und nach in das Flechtmuster einfügen = 78 (82 – 86) Maschen.

15. In 28 cm Gesamthöhe mit Farbe A weiterstricken.

16. In 47 cm Gesamthöhe alle Maschen abketten.

17. Den 2. Ärmel ebenso arbeiten.

FERTIGSTELLEN

18. Teile spannen, anfeuchten und trocknen lassen.

19. Schulternähte schließen.

20. Für die Halsblende 56 Maschen mit der Rundstricknadel Nr. 7 in Farbe A aus dem Ausschnittrand auffassen. In Runden 18 cm im Rippenmuster stricken, dann die Maschen locker abketten, wie sie erscheinen.

21. Ärmel zwischen den Markierungen ansetzen. Dann Seiten- und Ärmelnähte in einem Arbeitsgang schließen.

22. Alle Fäden vernähen.

Strickschrift

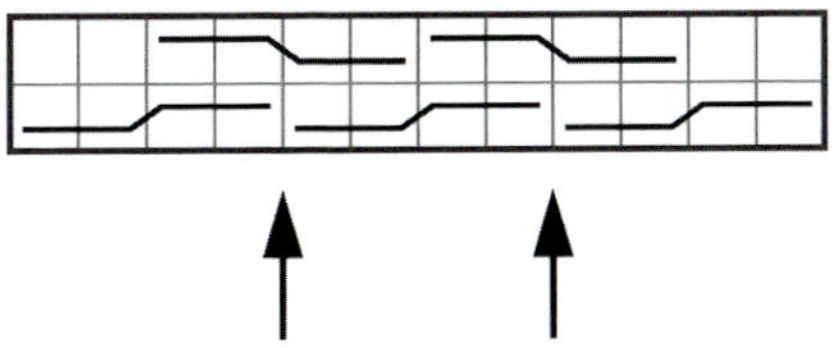

Rapport = 4 Maschen

Zeichenerklärung

 = 1 Masche rechts

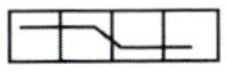 = 2 Maschen auf eine Zopfnadel vor die Arbeit legen, 2 Maschen rechts stricken, dann die Maschen der Zopfnadel rechts stricken

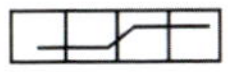 = 2 Maschen auf eine Zopfnadel hinter die Arbeit legen, 2 Maschen rechts stricken, dann die Maschen der Zopfnadel rechts stricken

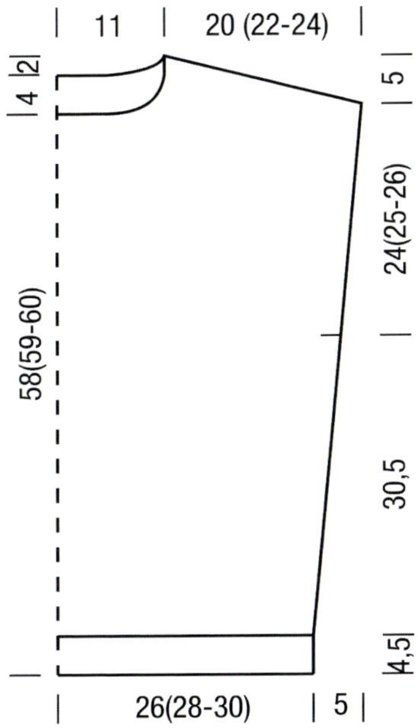

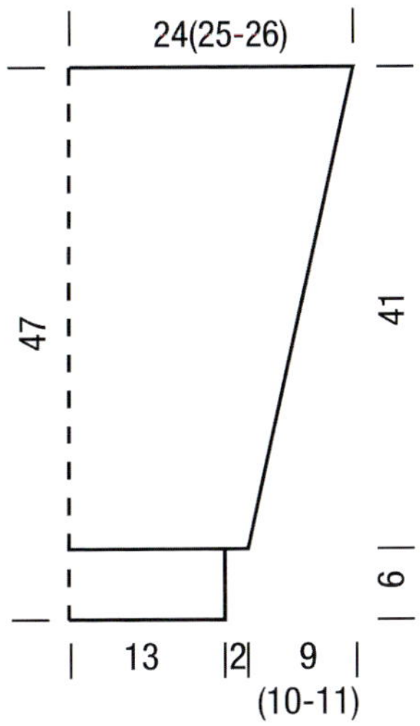

Die Strick-Perfektionistin

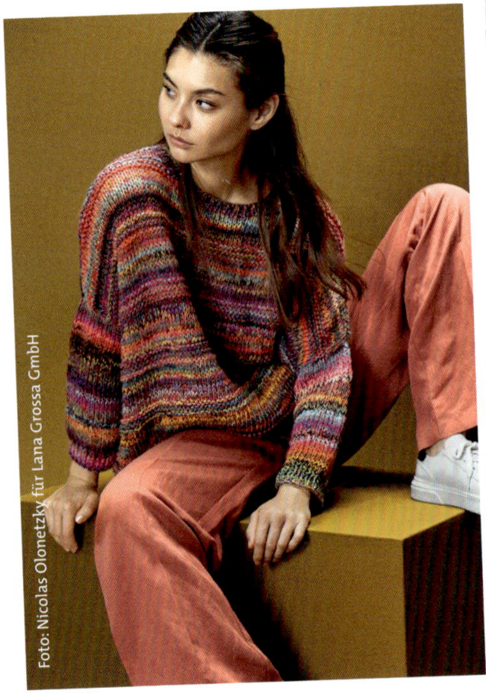

Bettina hat diesen Farbverlaufspulli ausgewählt

Bettina nimmt es genau: „Da wird Reihe für Reihe zurückgestrickt, nur um eine kleine Masche zu korrigieren. Ich habe aber trotzdem einen Fehler versteckt. Bei einer Masche habe ich nur zwei der drei Fäden mitgenommen. Hätte ich das früher entdeckt, hätte ich alles wieder aufgetrennt, da bin ich perfektionistisch", beschreibt sie ihren Anspruch.

Sie strickt eher fest, was manchmal zu verspannten Schultern führt. Trotzdem vergisst sie beim Stricken gelegentlich die Zeit: „Ich habe bei diesem Buch-Projekt mitgemacht, weil ich noch nie einen Pulli gestrickt hatte und das eine Herausforderung war – allein hätte ich mich nicht daran getraut. Ich habe zusammen mit meiner Freundin und ehemaligen WG-Mitbewohnerin Lena teilgenommen. Wir haben viel in gemütlicher Runde gestrickt und einmal war es plötzlich 1.30 Uhr nachts."

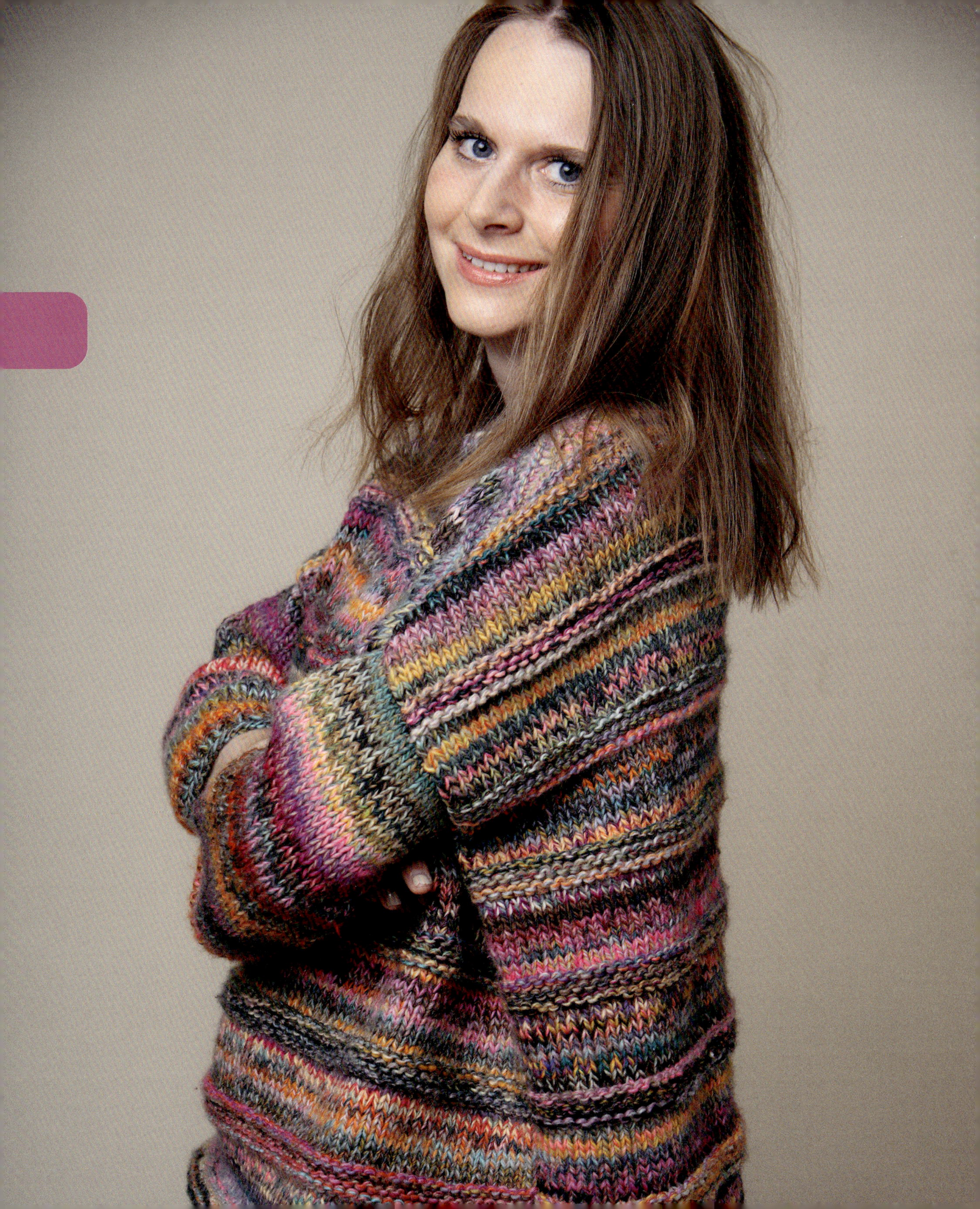

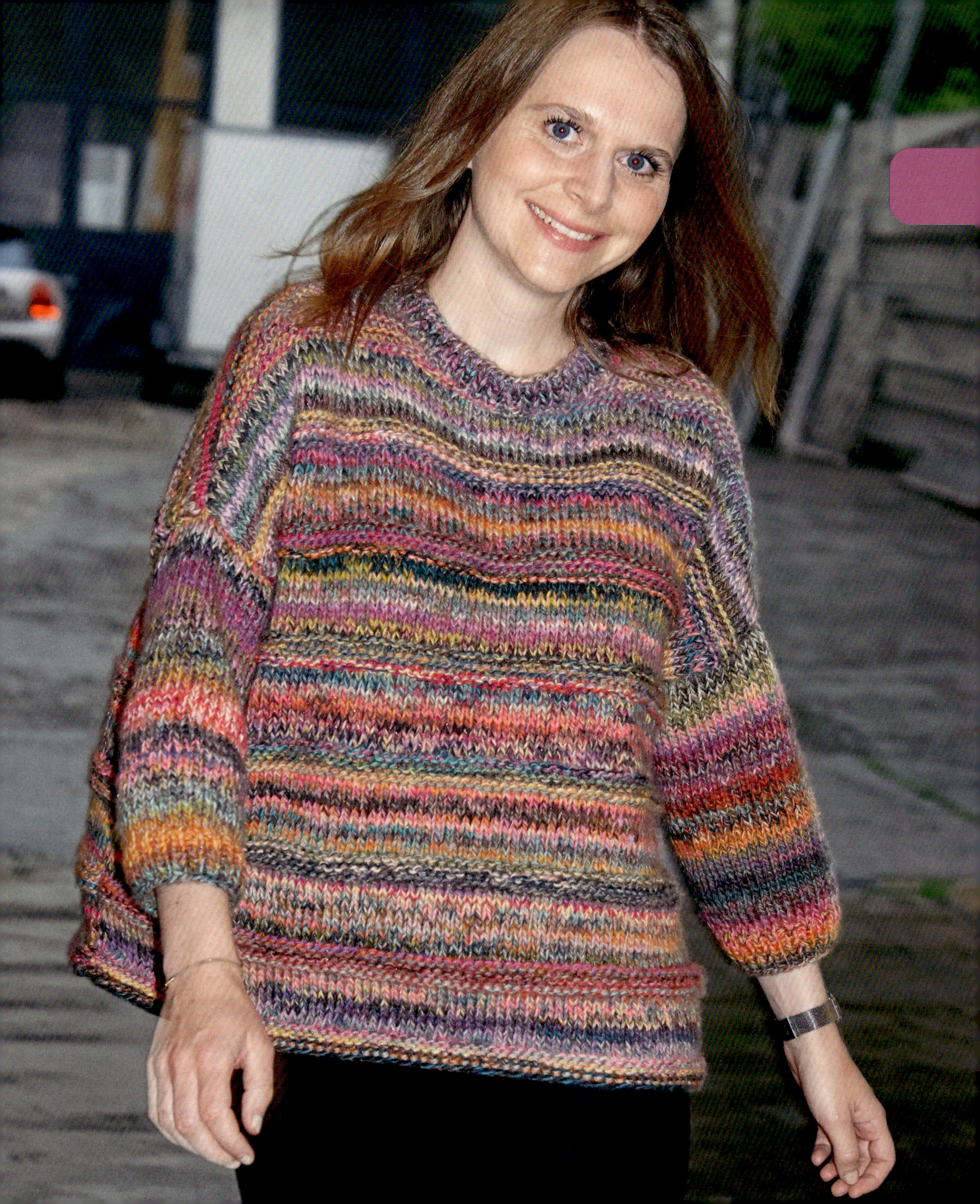

„**Für mich war es schwierig,** locker zu stricken. Gerade am Ausschnitt, der ja groß genug sein muss, damit der Kopf durchpasst, oder beim Abketten. Da musste ich schon manchmal aufribbeln, um es richtig hinzukriegen. Ich habe auch mehr Reihen gestrickt, als vorgegeben, da ich sehr streng stricke", beschreibt sie ihre Strickerfahrung, betont aber auch, dass sie Spaß hatte und ihr das fertige Modell supergut gefällt.

Bettinas persönliche Strickgeschichte beschreibt, wie sie zum Stricken gekommen ist: „Ich habe mich in ein Stirnband verliebt, das aber unfassbar teuer war. Da habe ich beschlossen, stricken zu lernen, um mir ab sofort meine Sachen selber zu nadeln!"

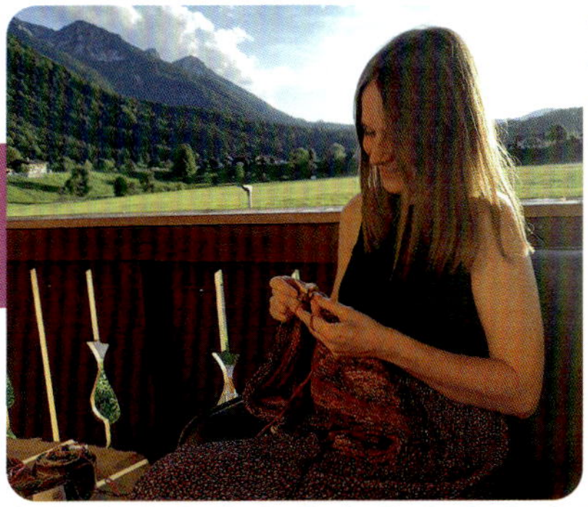

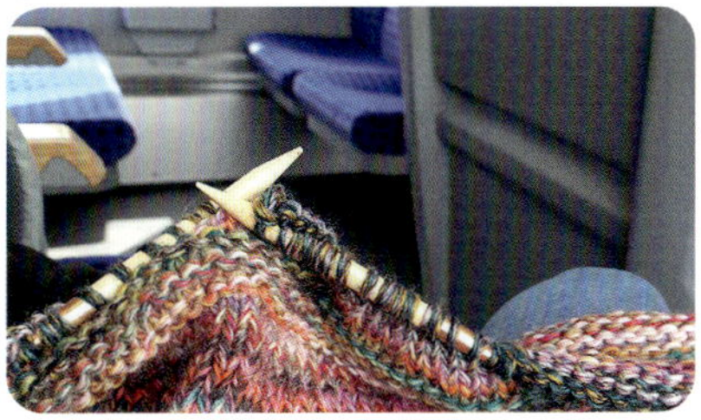

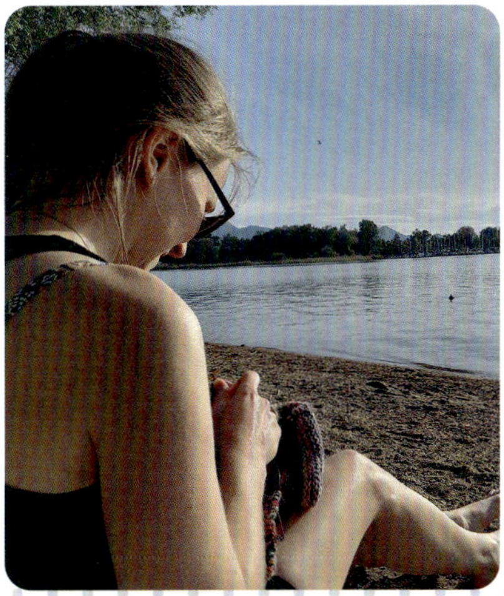

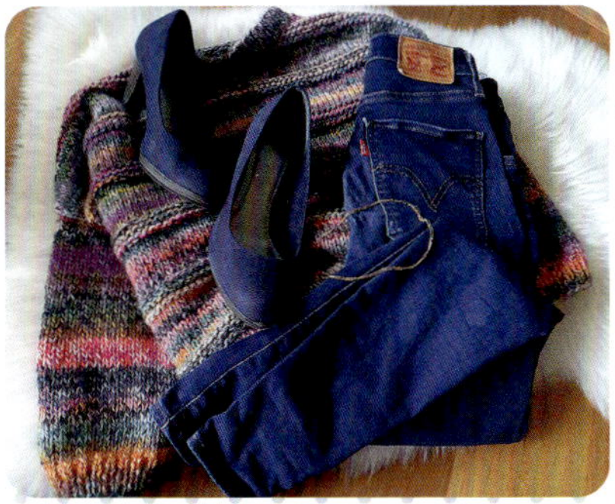

Oversize-Pulli im bunten Farbverlauf

GRÖßE

36 – 40 und 42 – 46
Die Angaben für Größe 42 – 46 stehen in der Klammer. Bei nur einer Angabe gilt diese für beide Größen.

MATERIAL

Lana Grossa **„Colorissimo“** (100% Schurwolle (Merino extrafine); Lauflänge ca. 300 m/100 g): Bei zweifachem Faden ca. **600 g** bzw. bei dreifachem Faden ca. **900 g** Goldgelb/Lachs/Orchidee/Mint/Dunkelgrün/Oliv/Rosa **(Farbe 10)**.
Das Modell kann zwei- oder dreifädig gearbeitet werden. In jedem Fall ensteht ein schöner Farbmix. Aktuell stehen 10 harmonische Farbverläufe zur Wahl, aus denen du deinen Favoriten aussuchen kannst.
Bettina hat die Originalfarbe dreifädig verwendet, dadurch wirkt das Gestrick etwas fester und das Maschenbild dichter. Je nachdem, ob du zwei- oder dreifädig arbeitest, können die Maschenproben etwas voneinander abweichen, was bei diesem Oversize-Modell aber keine große Rolle spielt.
Stricknadeln Nr. 7 und 8 sowie 1 Rundstricknadel Nr. 7 in 40 cm Länge
Hinweis: Alles mit zwei- oder dreifachem Faden stricken.

MUSTER

Knötchenrand
Die 1. Masche jeder Reihe wie zum Rechtsstricken abheben. Die letzte Masche jeder Reihe rechts stricken (Lehrgang Seite 117).
Hinweis: Alle Ränder mit Knötchenrand arbeiten!

Rippenmuster
1 Masche rechts und 1 Masche links im Wechsel stricken.

Kraus rechts
In Hin- und Rückreihen rechte Maschen stricken.

Glatt rechts
In Hinreihen rechte Maschen, in Rückreihen linke Maschen stricken.

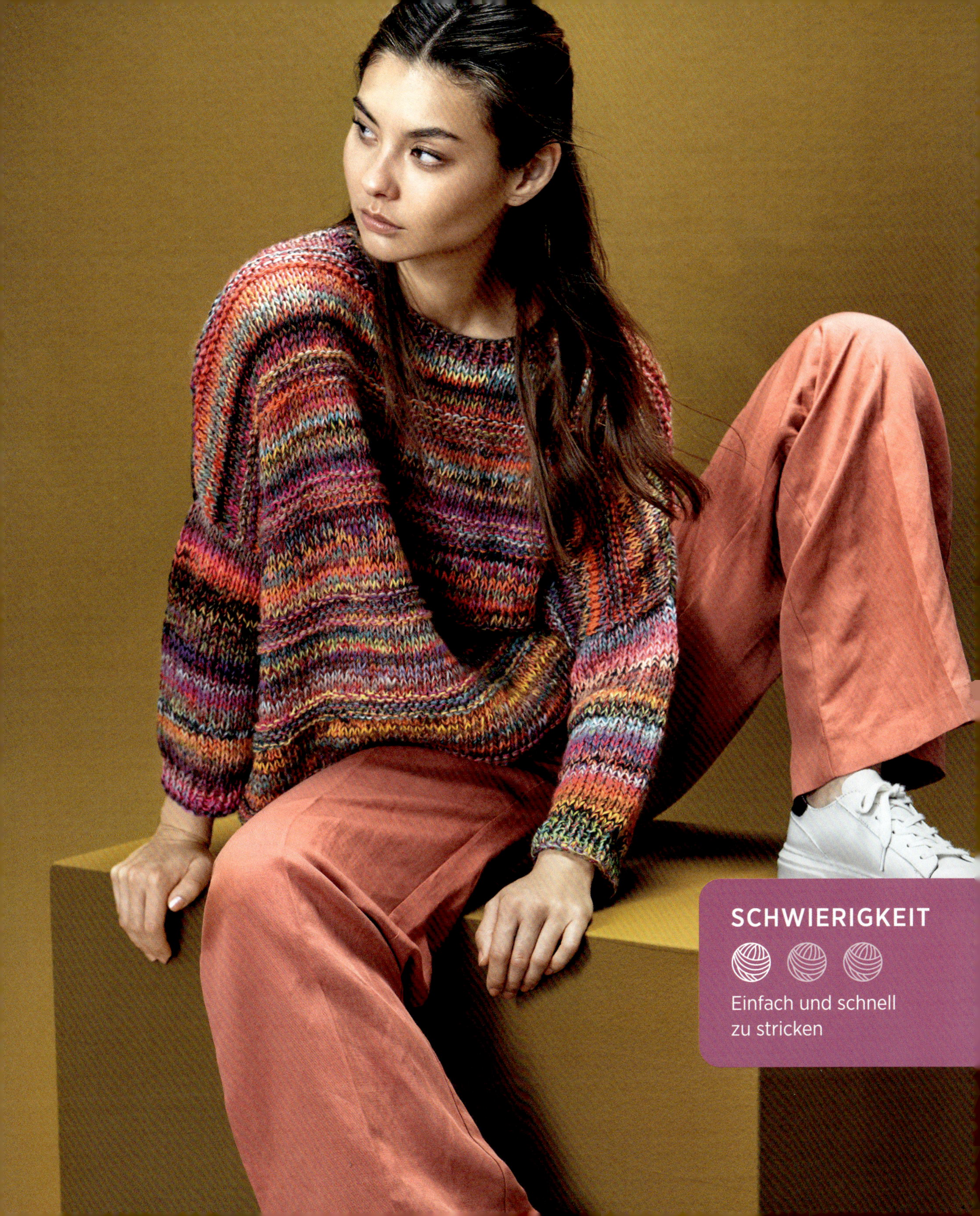

SCHWIERIGKEIT

Einfach und schnell zu stricken

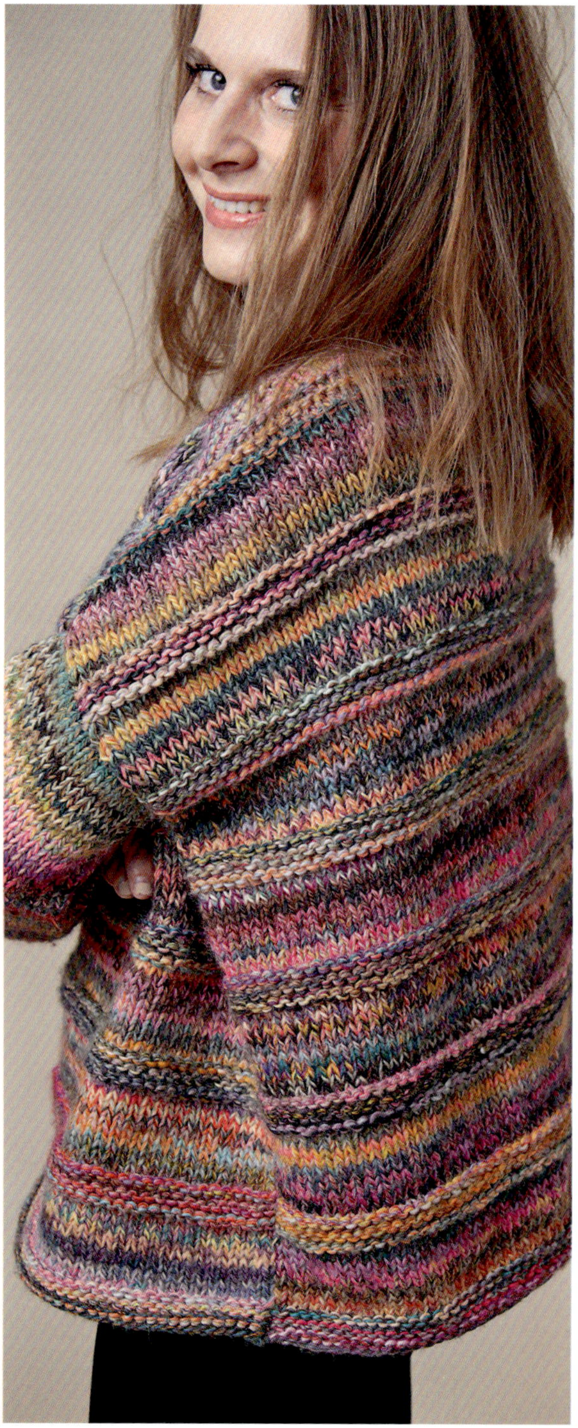

Querrippenmuster
10 Reihen glatt rechts und 6 Reihen kraus rechts im Wechsel stricken.

MASCHENPROBEN

Mit dreifachem Faden und Nadeln Nr. 8 im Querrippenmuster gestrickt: 13 Maschen und 19 Reihen = 10 x 10 cm
Mit dreifachem Faden und Nadeln Nr. 8 glatt rechts gestrickt: 13 Maschen und 17 Reihen = 10 x 10 cm.

SO WIRD'S GEMACHT

Rückenteil

1. 96 (100) Maschen mit Nadeln Nr. 7 und dreifachem Faden anschlagen. Für die Blende 2 cm = 5 Reihen kraus rechts stricken, dabei mit 1 Rückreihe beginnen.
2. Mit Nadeln Nr. 8 im Querrippenmuster weiterarbeiten.
3. Nach 31 (33) cm ab Blende beidseitig den Beginn der Armausschnitte markieren und gerade weiterstricken.
4. In 16 (18) cm Armausschnitthöhe beidseitig für die Schulterschrägungen 1 x 5 (7) Maschen abketten, dann in jeder 2. Reihe noch 5 x je 6 Maschen abketten.
5. In der folgenden Reihe die restlichen 26 Maschen für den geraden Halsausschnittrand abketten.

Vorderteil

6. Punkte 1–3 wie beim Rückenteil arbeiten.
7. In 16 (18) cm Armausschnitthöhe für die Schulterschrägungen beidseitig 1 x 5 (7) Maschen abketten und **gleichzeitig** für den Hals-

ausschnitt die mittleren 10 Maschen abketten, dann beide Seiten getrennt weiterstricken.

8. Am inneren Rand für die weitere Rundung in jeder 2. Reihe noch 1 x 4, 1 x 2 und 2 x je 1 Masche abketten. **Gleichzeitig** am äußeren Rand für die Schulterschrägung in jeder 2. Reihe noch 5 x je 6 Maschen abketten.

9. In gleicher Höhe wie beim Rückenteil sind alle Maschen aufgebraucht.

Ärmel

10. 44 (48) Maschen mit Nadeln Nr. 7 anschlagen. Für die Blende 3 cm = 7 Reihen im Rippenmuster stricken, dabei mit 1 Rückreihe beginnen.

11. Mit Nadeln Nr. 8 glatt rechts weiterarbeiten.

12. Nach 25 cm ab Blende alle Maschen locker abketten.

13. Den 2. Ärmel ebenso arbeiten.

FERTIGSTELLEN

14. Die Schulternähte schließen.

15. 66 Maschen mit dreifachem Faden und der kurzen Rundstricknadel Nr. 7 aus dem Halsausschnittrand auffassen. In Runden 2 cm im Rippenmuster stricken, dann die Maschen abketten, wie sie erscheinen.

16. Die Ärmel zwischen den Markierungen annähen. Seiten- und Ärmelnähte in einem Arbeitsgang schließen.

17. Alle Fäden vernähen.

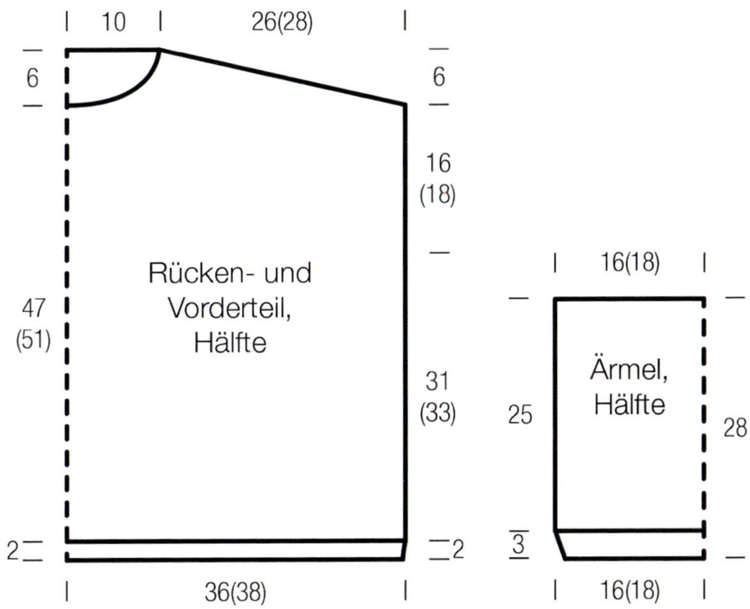

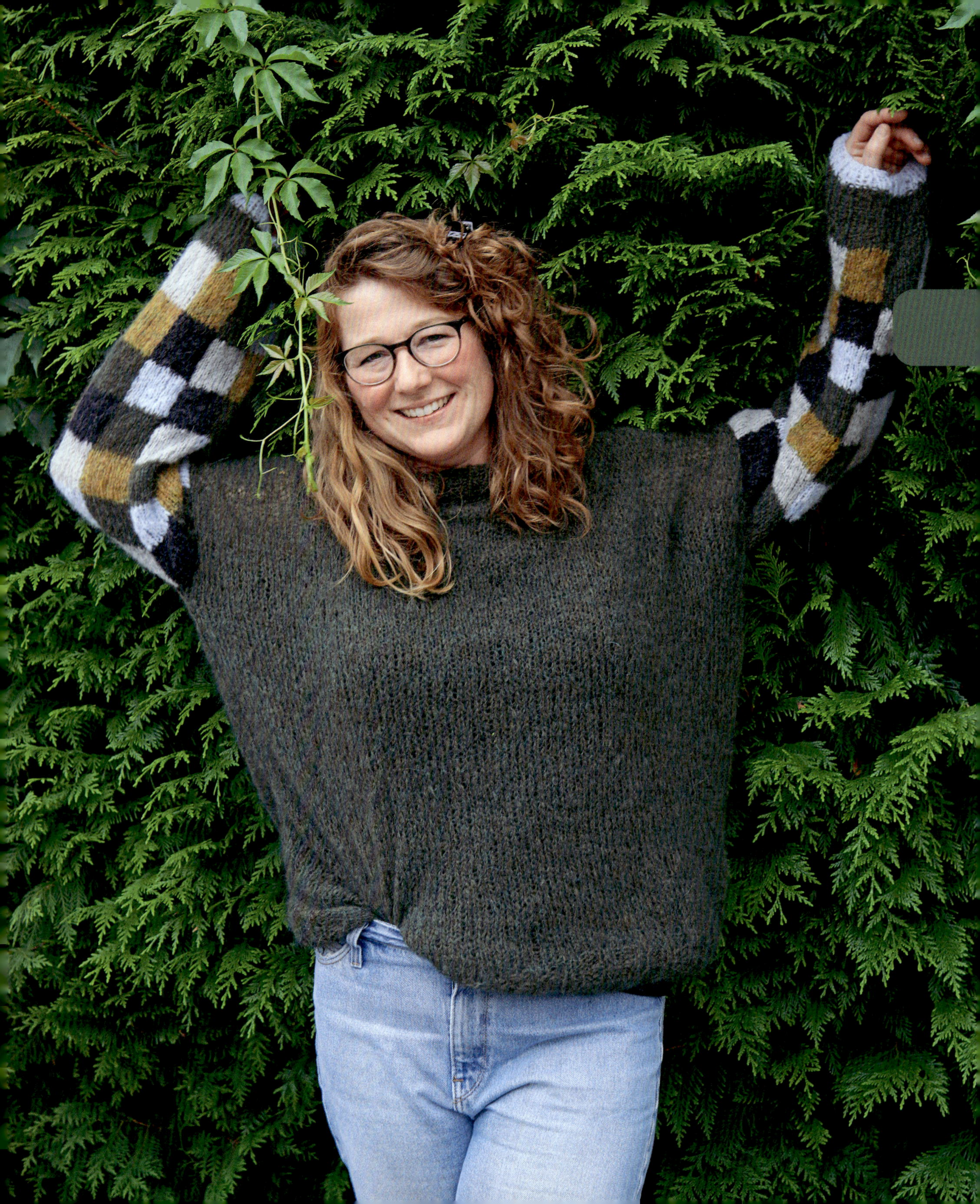

Die Strick-Heldin

Sie hat gekämpft und gewonnen: Franziskas Sweater war zeitlich, vom Material und von der Technik her eine Herausforderung. Ihr Strick-Tagebuch liest sich wie ein Krimi. Spoiler: Es gibt ein Happy End!

Mitte April startet sie: „Schön weich und flauschig ist mein erster Eindruck vom Garn. Gefolgt von: Das wird mühsam zu stricken, die Wolle ruft nach einer lockeren Hand. Das Schöne: Es geht schnell voran." Sie strickt auf Zugfahrten, beim abendlichen Podcasthören und Filmegucken, muss aber immer aufpassen, den Faden richtig zu erwischen und gleichmäßig zu arbeiten. Ende Mai will sie auf einer langen Zugfahrt tüchtig vorankommen, stattdessen krabbelt sie ihrer kleinen Nichte durchs Großraumabteil hinterher, die Ablenkung ist einfach zu süß.

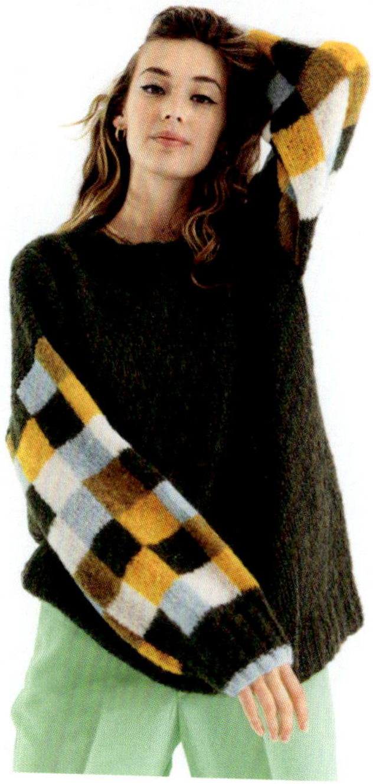

Foto: Nicolas Olonetzky für Lana Grossa GmbH

Franziska hat diesen Sweater zu ihrem Projekt gemacht

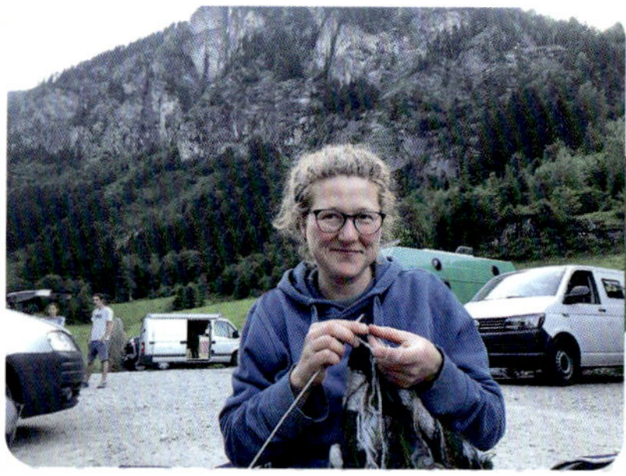
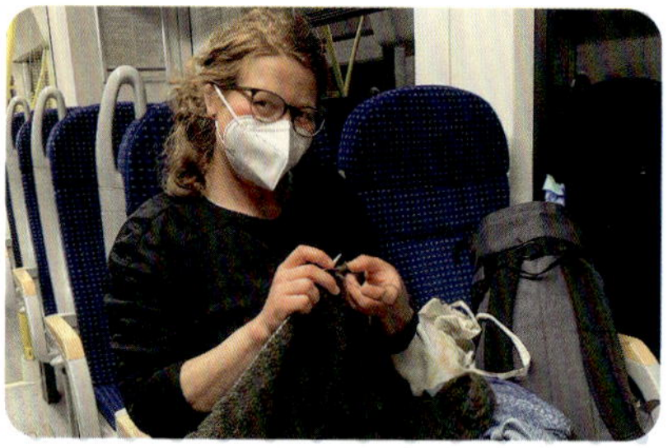
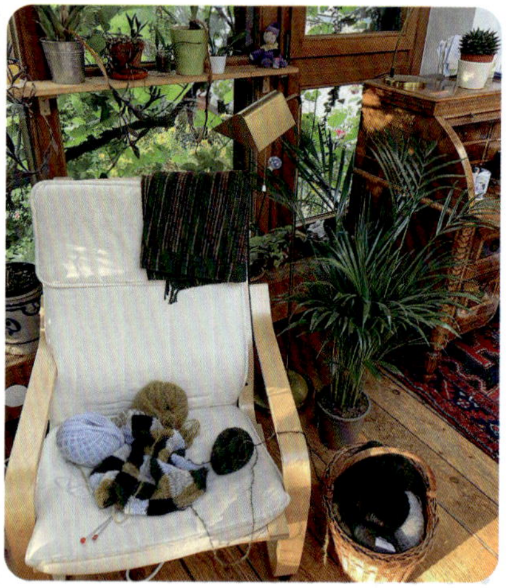
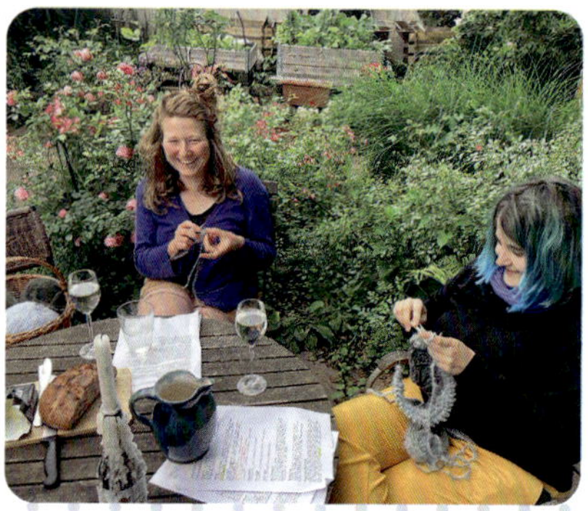

Anfang Juni wird die Zeit bis zum Fotoshooting knapp. Sie verabredet sich zum Strickkränzchen mit Elli, die ebenfalls beim Projekt mitstrickt. Sie hilft ihr bei den Ärmeln mit Karomuster: „Zum Glück hat Elli einen Trick parat für das vielfarbige Stricken. Pro Farbe Miniknäuel wickeln und diese mit Haarklammern am Strickstück befestigen. Es funktioniert, ich muss weniger entwirren und komme schneller voran." Mitte Juni strickt Franziska in jeder freien Minute: „Bei 35 °C am See und während eines Kletterwochenendes abends auf dem Campingplatz." Sie kettet den zweiten Ärmel ab, nur um sich mit der eigentlichen Fleißarbeit konfrontiert zu sehen: Hunderte Fadenenden warten darauf, vernäht zu werden.

Franziska hat es geschafft! Ihr Comfy Sweater ist wunderschön geworden. Seine Vorzüge fasst sie mit einem einzigen Wort zusammen: „Kuschelalarm!"

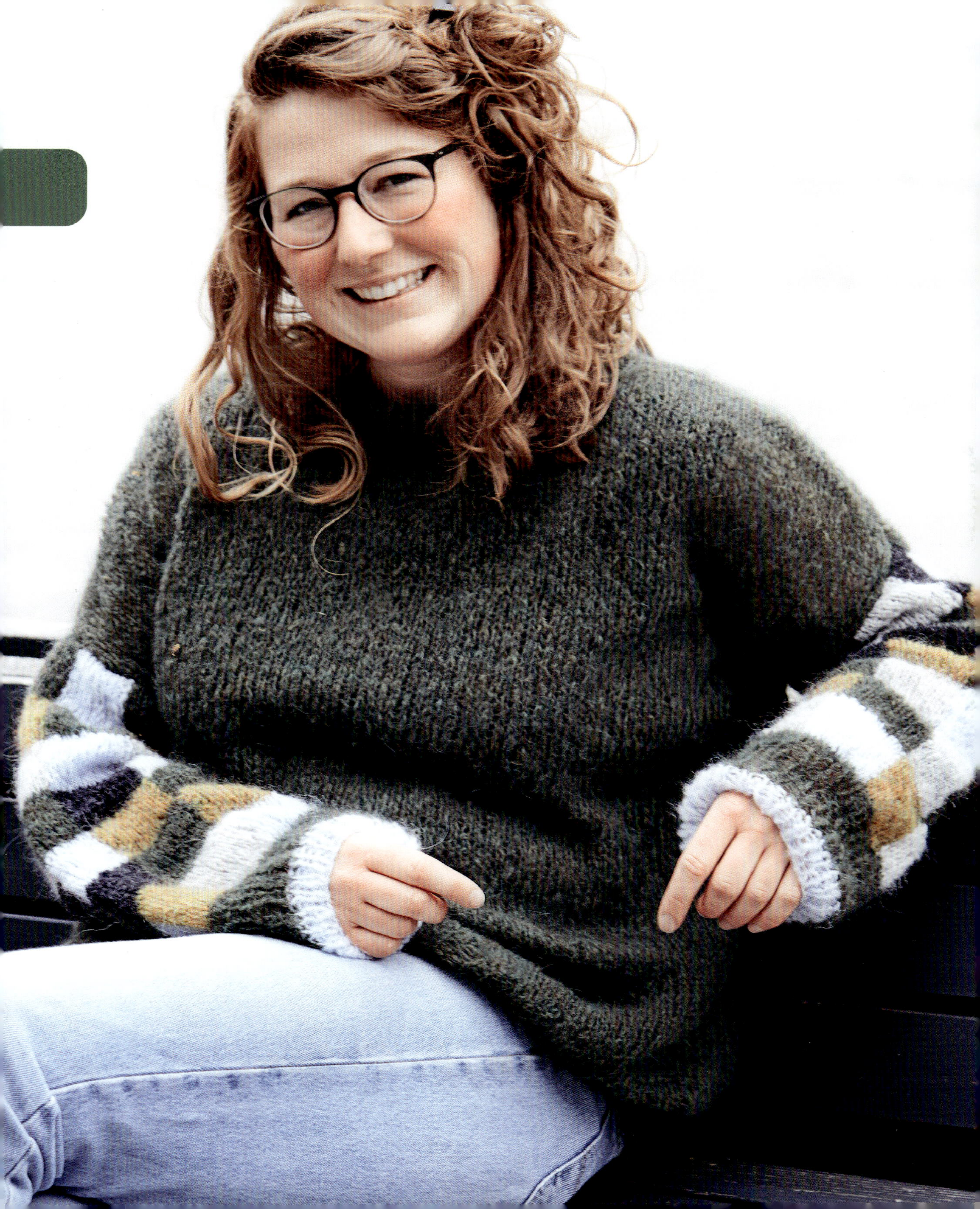

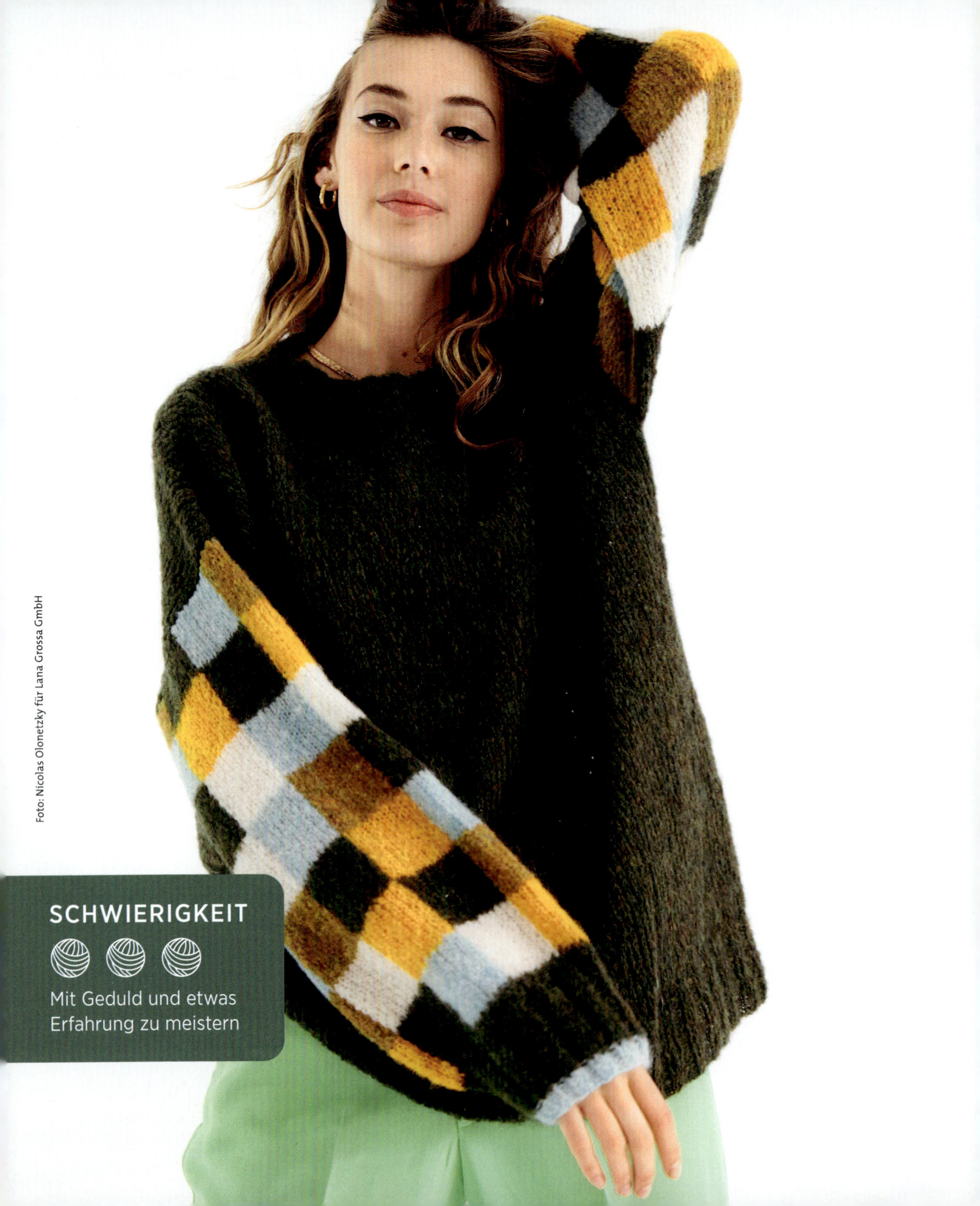

Foto: Nicolas Olonetzky für Lana Grossa GmbH

SCHWIERIGKEIT

Mit Geduld und etwas Erfahrung zu meistern

Pulli mit Ärmeln in bunten Quadraten

GRÖßE

36 – 40 (42 – 46)
Die Angaben für Größe 42 – 46 stehen in Klammern. Steht nur eine Angabe, so gilt sie für alle angegebenen Größen.

MATERIAL

Lana Grossa **„Nuvoletta“** (42% Alpaka (Baby), 42% Schurwolle (Merino extrafine), 16% Polyamid; Lauflänge ca. 250 m/50 g): **200 (250) g** in der Grundfarbe Moosgrün **(Farbe 19 = A)**, je **50 g** in vier Schmuckfarben **Farbe B**, **Farbe C**, **Farbe D** und **Farbe E**.
Die Farbkollektionen werden saisonal überarbeitet, dadurch sind nicht mehr alle Farben des Originalmodells verfügbar. Aktuell stehen 17 Farbtöne zur Auswahl, aus denen du deine Lieblingsfarben zusammenstellen kannst. Franziska hat mit der Grundfarbe Moosgrün **(Farbe 19 = A)** sowie den Schmuckfarben Hellgrau **(Farbe 14 = B)**, Senf **(Farbe 11 = C)**, Pastelltürkis **(Farbe 9 = D)** und Schwarz **(Farbe 16 = E)** gestrickt. Die Farbe Senf ist nicht mehr in der aktuellen Farbpalette, aber es gibt Restbestände im Fachhandel.

Stricknadeln Nr. 4,5 und 5 sowie 1 Rundstricknadel Nr. 4,5 in 50 cm Länge

MUSTER

Knötchenrand
Die 1. Masche jeder Reihe wie zum Rechtsstricken abheben und die letzte Masche jeder Reihe rechts stricken (Lehrgang Seite 117).
Hinweis: Alle Ränder mit Knötchenrand arbeiten!

Rippenmuster
2 Maschen rechts, 2 Maschen links im Wechsel stricken.

Glatt rechts
In Hinreihen rechte Maschen, in Rückreihen linke Maschen stricken.

Farbquadrate
Über je 9 Maschen und 14 Reihen glatt rechts in Intarsientechnik stricken. Für jedes Quadrat ein gesondertes Knäuel verwenden. Beim Farbwechsel die Fäden stets auf der Rückseite der Arbeit miteinander verkreuzen, damit keine Löcher entstehen (Lehrgang Seite 45).

MASCHENPROBE

Glatt rechts mit Nadeln Nr. 5 gestrickt:
16 Maschen und 25 Reihen = 10 x 10 cm.

SO WIRD'S GEMACHT

Rückenteil

1. 86 (94) Maschen mit Nadeln Nr. 4,5 in der Grundfarbe anschlagen. Für den Bund mit einer Rückreihe beginnend 7 cm = 18 Reihen im Rippenmuster und 1 Rückreihe linke Maschen stricken. Beim Rippenmuster in der 1. Rückreihe nach der Randmasche mit 1 Masche links beginnen und am Reihenende vor der Randmasche mit 1 Masche links enden.

2. Mit Nadeln Nr. 5 zwischen den Randmaschen glatt rechts weiterarbeiten, dabei in der 1. Reihe gleichmäßig verteilt 8 x je 1 Masche rechts verschränkt aus dem Querfaden zunehmen = 94 (102) Maschen.

3. Nach 40 cm = 100 Reihen ab Bund beidseitig den Beginn der Armausschnitte markieren und gerade weiterstricken.

4. Nach 20 cm = 50 Reihen Armausschnitthöhe beidseitig für die Schulterschrägungen 1 x 10 (12) Maschen und in jeder 2. Reihe noch 2 x je 10 (11) Maschen abketten.

5. Gleichzeitig nach 21 cm = 52 Reihen Armausschnitthöhe für den runden Halsausschnitt die mittleren 32 Maschen abketten und beide Seiten getrennt weiterstricken. Am inneren Rand für die weitere Rundung in der 2. Reihe noch 1 x 1 Masche abketten. Damit sind alle Maschen aufgebraucht.

Vorderteil

6. Punkte 1–3 wie beim Rückenteil arbeiten.

7. Nach 14,5 cm = 36 Reihen Armausschnitthöhe für den tieferen Halsausschnitt die mittleren 8 Maschen abketten und beide Seiten getrennt weiterstricken. Am inneren Rand für die weitere Rundung in jeder 2. Reihe noch 1 x 4, 1 x 3, 1 x 2 und 4 x je 1 Masche abketten.

8. Gleichzeitig nach 20 cm = 50 Reihen Armausschnitthöhe für die Schulterschrägung am äußeren Rand 1 x 10 (12) Maschen und in jeder 2. Reihe noch 2 x je 10 (11) Maschen abketten.

9. In gleicher Höhe wie beim Rückenteil sind alle Maschen aufgebraucht.

Ärmel

10. 46 Maschen mit Nadeln Nr. 4,5 in Farbe D anschlagen. Für den Bund mit einer Rückreihe beginnend 7 cm = 18 Reihen im Rippenmuster und 1 Rückreihe linke Maschen stricken, dabei nach den ersten 4 Reihen zur Grundfarbe wechseln. Beim Rippenmuster in der 1. Rückreihe nach der Randmasche mit 1 Masche links beginnen, am Reihenende vor der Randmasche mit 1 Masche links enden. In der letzten Bundreihe (= Rückreihe) gleichmäßig verteilt 19 x je 1 Masche links verschränkt aus dem Querfaden zunehmen = 65 Maschen.

11. Mit Nadeln Nr. 5 glatt rechts weiterarbeiten, dabei zwischen den Randmaschen 7 Farbquadrate laut Schnittschema stricken. Die Buchstaben im Schema stehen für die Farben. Die Randmaschen werden jeweils in der Farbe des äußeren Quadrates gearbeitet, sodass die Randquadrate über je 10 Maschen gehen.

12. Nach 39,2 cm = 98 Reihen ab Bund bzw. nach 7 Quadratreihen in der Höhe alle Maschen locker in den entsprechenden Farben abketten.
13. Den 2. Ärmel ebenso arbeiten.

FERTIGSTELLEN

14. Die Schulter- und Ärmelnähte schließen.
15. Für die doppelte Halsblende 76 Maschen mit der Rundstricknadel Nr. 4,5 in der Grundfarbe aus dem Ausschnittrand auffassen. In Runden 8 cm im Rippenmuster stricken, dann die Maschen locker abketten. Die Blende zur Hälfte nach innen umlegen und gegennähen.
16. Seitennähte bis zu den Markierungen schließen. Ärmel einsetzen.
17. Alle Fäden vernähen.

Intarsien

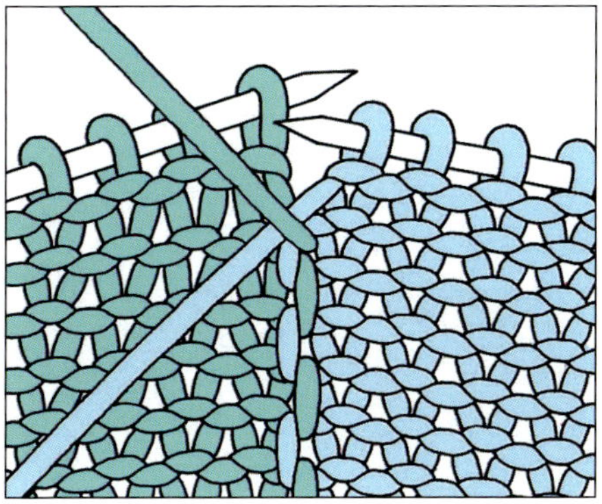

Bei der Intarsientechnik werden verschiedenfarbige Flächen jeweils mit einem eigenen Faden gearbeitet. Beim Farbwechsel die Fäden auf der Rückseite der Arbeit miteinander verkreuzen. Dabei bilden sich zweifarbige „Ketten“.

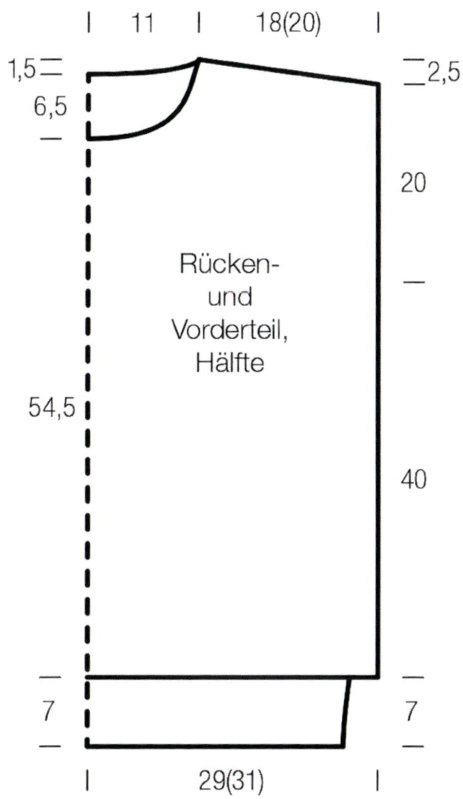

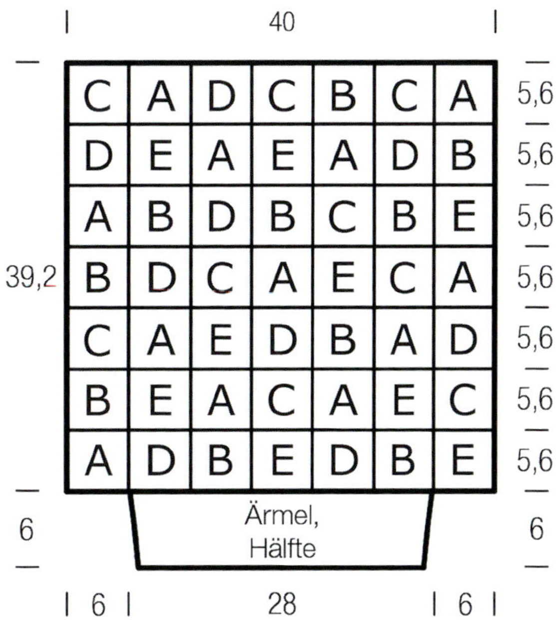

Die Pullover-Debütantin

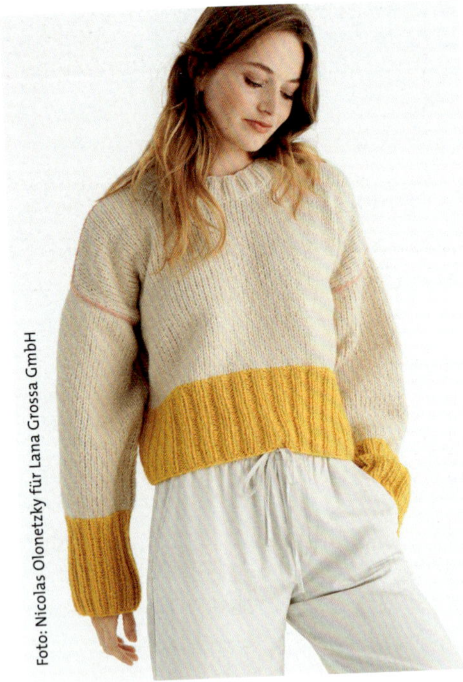

Foto: Nicolas Olonetzky für Lana Grossa GmbH

Hanna hat diesen Sweater andersfarbig gestrickt

Hanna hat früh stricken gelernt, in der Grundschule und von ihrer Oma. Doch bisher hat sie ausschließlich Socken gestrickt – obwohl sie schon immer mal einen Pulli stricken wollte. Jetzt hat sie es geschafft!

„Mein Garn ist aus Schurwolle und Baumwolle, relativ dick und fluffig. Ich kam damit äußerst schnell voran. Mein betagter Kater Oskar hat es sich sofort auf oder unter dem Strickzeug bequem gemacht, wenn es irgendwo lag. Hund Mavri fand die Knäuel schon wesentlich interessanter“, beschreibt sie die Reaktion der Haustiere auf ihr allererstes Pullover-Strickprojekt.

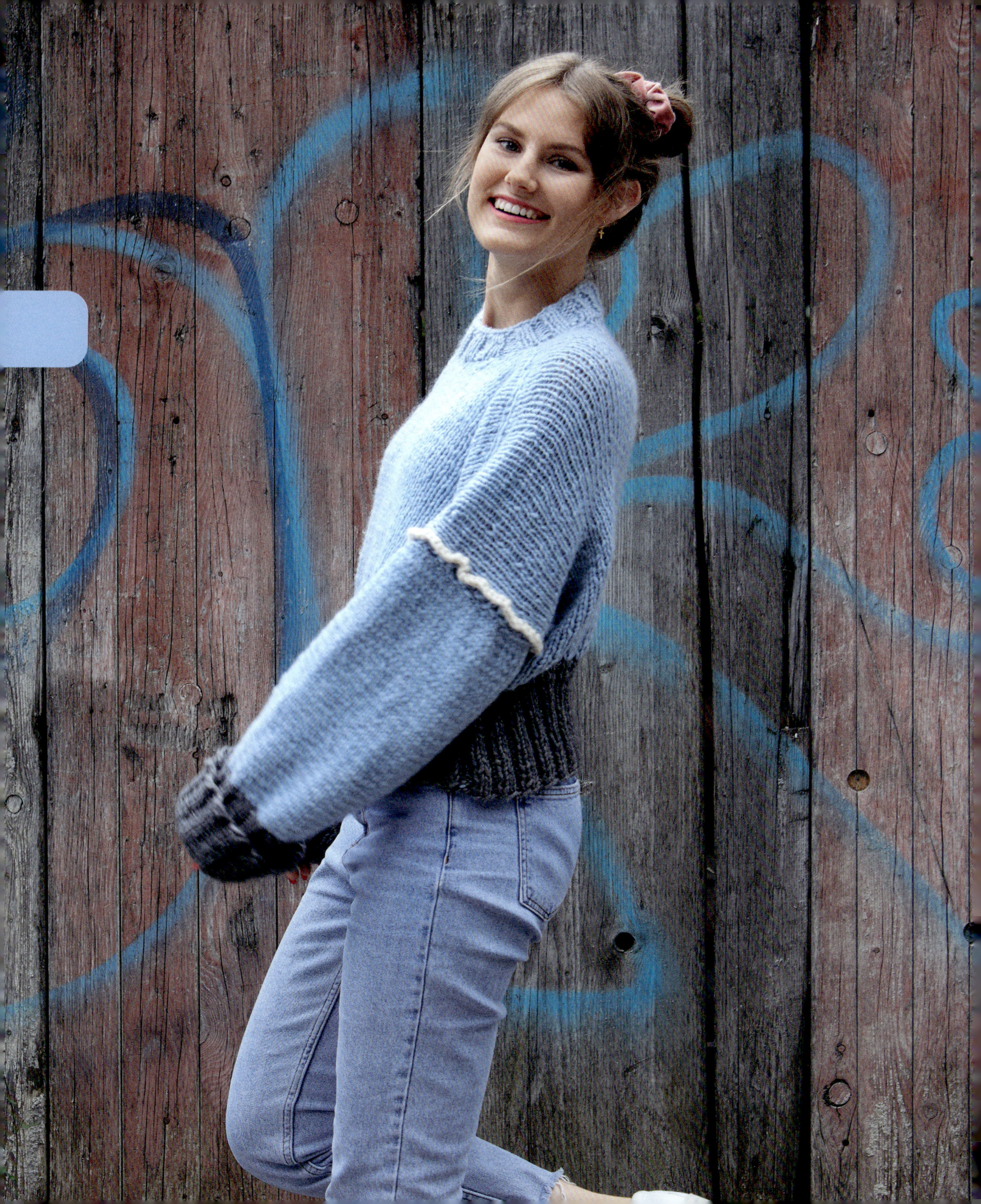

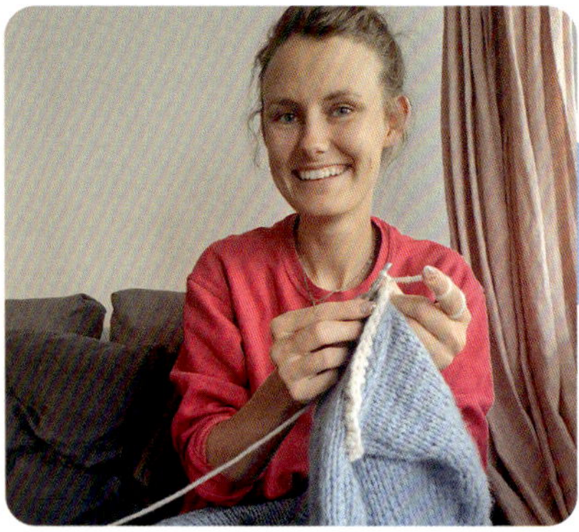

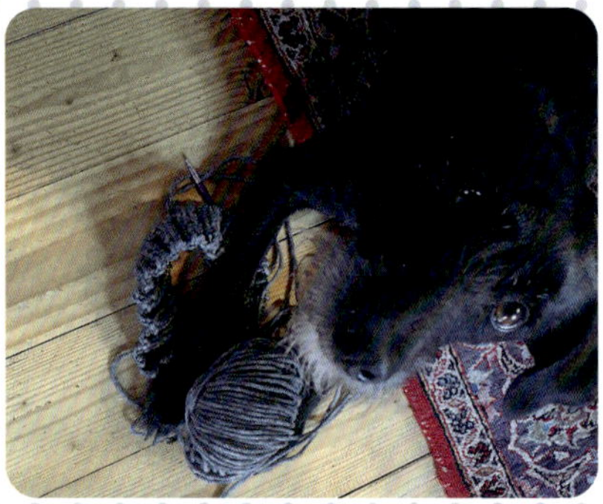

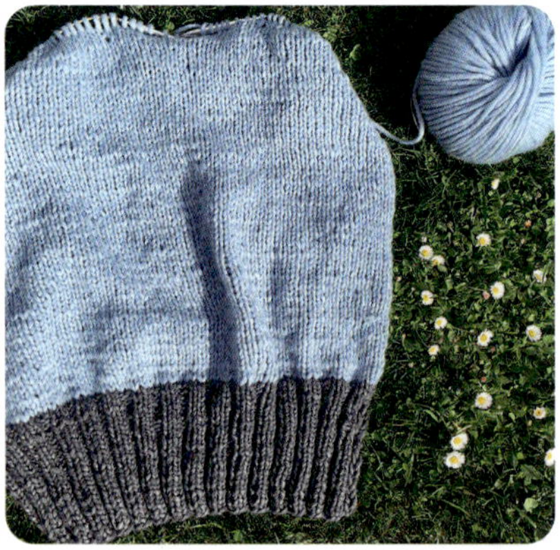

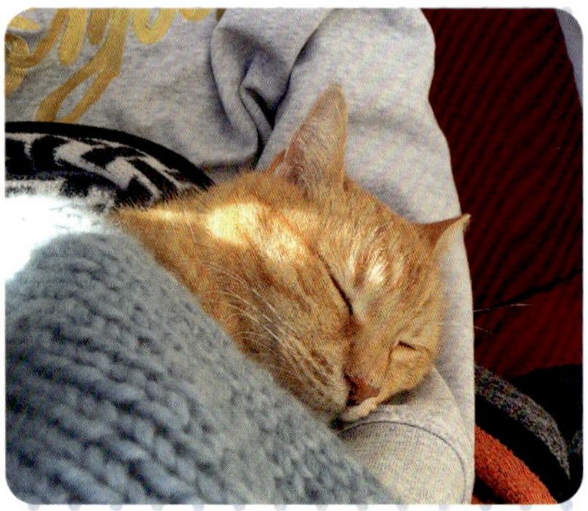

„Beim Stricken mag ich besonders, dass etwas entsteht. Ich finde es sehr entspannend und liebe es, die Gedanken schweifen zu lassen und einfach nur Masche für Masche zu stricken“, erzählt die Volontärin von ihrer Strickerfahrung. Die Anleitung war für sie leicht verständlich, nur zum Thema betonte Zu- und Abnahmen hat sie bei YouTube recherchiert – deshalb gibt es auf Seite 101 einen Lehrgang dazu.

„Nichts geht über bequeme Klamotten“, sagt die 28-Jährige und freut sich, dass ihr erster selbstgestrickter Pullover wirklich rundum comfy ist. Jogginghose oder Jeans sind dann auch das Styling, das sie sich damit vorstellt.

Das Stricken hat ihr Spaß gemacht, als nächstes nimmt sie aber erstmal wieder ein kleines Modell auf die Nadeln und wird einen Scrunchie stricken.

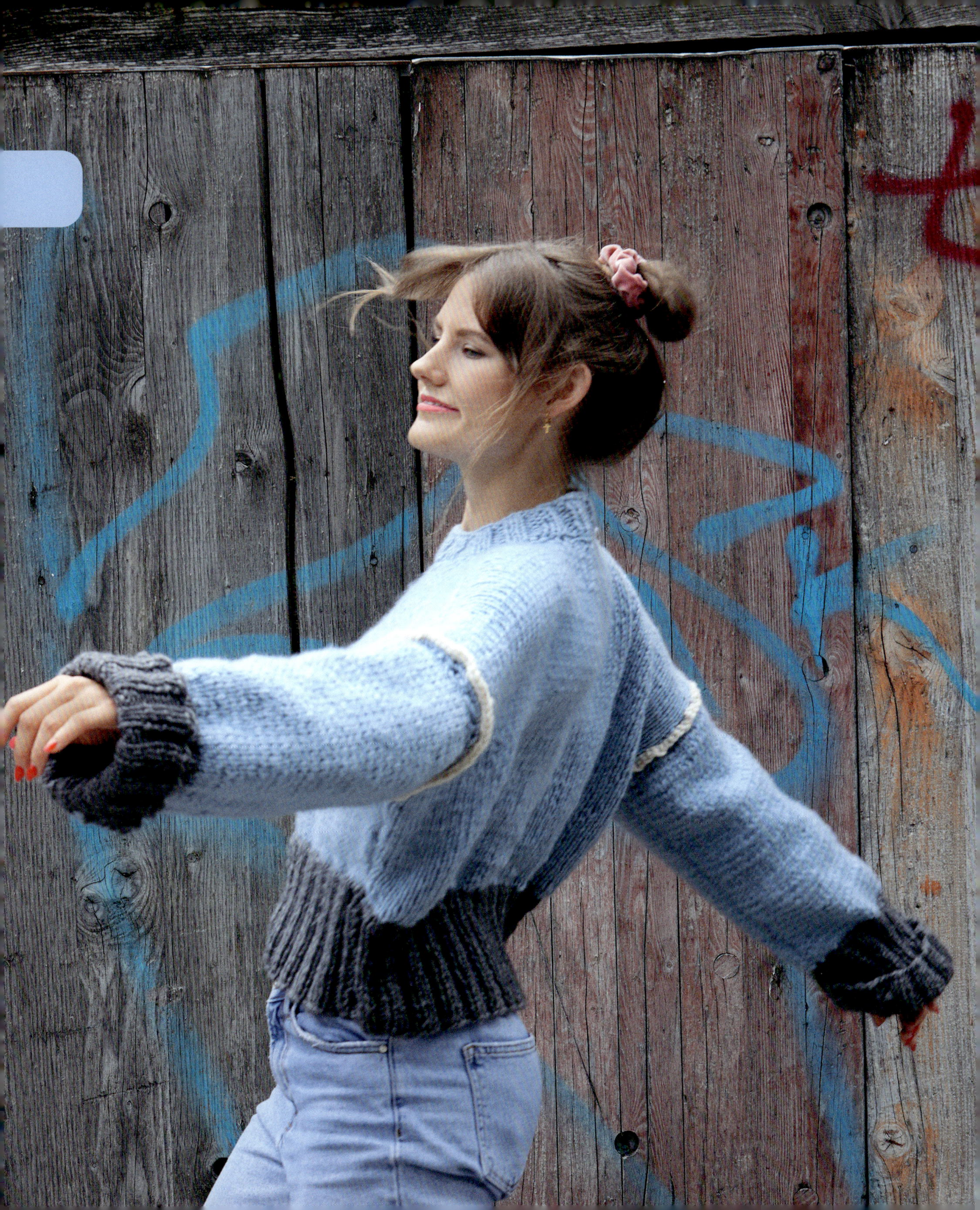

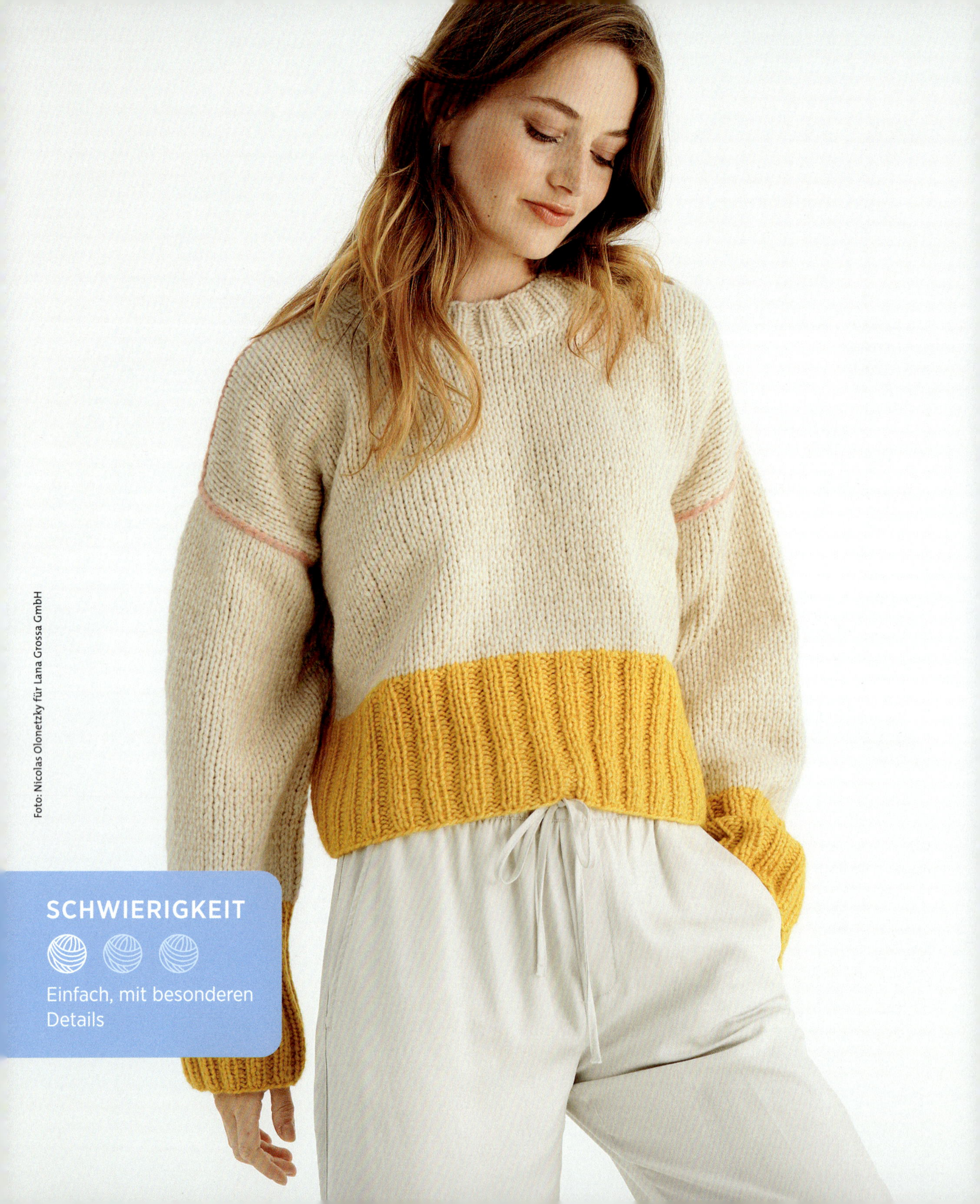

Foto: Nicolas Olonetzky für Lana Grossa GmbH

SCHWIERIGKEIT

Einfach, mit besonderen Details

Pullover mit breiten Rippenblenden

GRÖẞE

36 – 40 (42/44)
Die Angaben für Größe 42/44 stehen in Klammern. Steht nur eine Angabe, so gilt sie für alle angegebenen Größen.

MATERIAL

Lana Grossa **„Lala Berlin Lovely Cotton"** (75% Schurwolle (Merino superfine), 25% Baumwolle; Lauflänge ca. 90 m/50 g): **450 (500) g** Natur **(Farbe 7 = A)**, **150 (200) g** Gelb **(Farbe 15 = B)** und **50 g** oder **ein Rest** in einer passenden Kontrastfarbe.
Die Farbkollektionen werden saisonal überarbeitet, dadurch ist es möglich, dass nicht mehr alle Farben des Originalmodells verfügbar sind. Stelle dir aus 18 aktuellen Farbtönen deine Lieblingsfarbkombination zusammen. Johanna hat die Farben Hellblau **(Farbe 21 = A)** und Anthrazit **(Farbe 8 = B)** verwendet. Mit der Konrastfarbe Hellgrau **(Farbe 5)** hat sie nur die Ärmeleinsatztnähte betont.
Stricknadeln Nr. 6 und 8 sowie 1 Rundstricknadel Nr. 6 in 50 cm Länge, 1 Wollhäkelnadel Nr. 6

MUSTER

Kettenrand
In den Hinreihen die 1. Masche wie zum Linksstricken abheben und die letzte Masche links stricken. In den Rückreihen die 1. Masche wie zum Rechtsstricken abheben und die letzte Masche rechts stricken.
Hinweis: Alle Ränder mit Kettenrand arbeiten!

Rippenmuster
2 Maschen rechts, 2 Maschen links im Wechsel stricken.

Glatt rechts
In Hinreihen rechte Maschen, in Rückreihen linke Maschen stricken.

Betonte Zunahmen
Am Reihenanfang nach der 2. Masche sowie am Reihenende vor den letzten 2 Maschen je 1 Masche rechts verschränkt aus dem Querfaden zunehmen (siehe Lehrgang Seite 101).

Betonte Abnahmen

Am Reihenanfang nach der 3. Masche 2 Maschen überzogen zussammenstricken (= 1 Masche wie zum Rechtsstricken abheben, die folgende Masche rechts stricken, dann die abgehobene Masche darüberziehen), am Reihenende vor den letzten 3 Maschen 2 Maschen rechts zusammenstricken. Es wird jeweils 1 Masche abgenommen (siehe Lehrgang Seite 101).

MASCHENPROBE

Glatt rechts mit Nadeln Nr. 8 gestrickt:
13 Maschen und 19 Reihen = 10 x 10 cm.

SO WIRD'S GEMACHT

Rückenteil

1. 72 (78) Maschen mit Nadeln Nr. 6 in Farbe B anschlagen. Für den Bund 13,5 cm = 31 Reihen im Rippenmuster stricken, dabei mit 1 Rückreihe und nach der Randmasche mit 2 Maschen rechts (1 Masche links) beginnen, am Reihenende vor der Randmasche mit 2 Maschen rechts (1 Masche links) enden.
2. Mit Nadeln Nr. 8 in Farbe A zwischen den Randmaschen glatt rechts weiterarbeiten.
3. Für die Seitenschrägungen beidseitig in der 7. Reihe ab Bund 1 x 1 Masche betont zunehmen, dann in jeder 8. Reihe noch 2 x je 1 Masche betont zunehmen = 78 (84) Maschen.
4. Nach 16 (17) cm = 30 (32) Reihen ab Bund beidseitig den Beginn der Armausschnitte markieren und gerade weiterstricken.
5. In 20 (21) cm = 38 (40) Reihen Armausschnitthöhe für den Halsausschnitt die mittleren 16 Maschen abketten und beide Seiten getrennt weiterstricken. Für die Rundung am inneren Rand in der 2. Reihe noch 1 x 4 Maschen abketten.
6. In 2 cm = 4 Reihen Halsausschnitthöhe die restlichen je 27 (30) Schultermaschen abketten.

Vorderteil

7. Punkte 1–4 wie beim Rückenteil arbeiten.
8. Für den tieferen Halsausschnitt bereits in 11 (12) cm = 20 (22) Reihen Armausschnitthöhe die mittleren 6 Maschen abketten und beide Seiten getrennt weiterstricken. Für die Rundung am inneren Rand in jeder 2. Reihe noch 1 x 2 Maschen abketten und 7 x je 1 Masche betont abnehmen.
9. In 11 cm = 22 Reihen Halsausschnitthöhe die restlichen je 27 (30) Schultermaschen abketten.

Ärmel

10. 54 Maschen mit Nadeln Nr. 6 in Farbe B anschlagen. Für den Bund 16 cm = 37 Reihen im Rippenmuster stricken, dabei mit 1 Rückreihe und nach der Randmasche mit 1 Masche links beginnen, am Reihenende vor der Randmasche mit 1 Masche links enden.
11. Mit Nadeln Nr. 8 in Farbe A zwischen den Randmaschen glatt rechts weiterarbeiten.
12. Für die Ärmelschrägungen beidseitig in der 15. (13.) Reihe ab Bund 1 x 1 Masche betont zunehmen, dann in jeder 16. (14.) Reihe noch 2 (3) x je 1 Masche betont zunehmen = 60 (62) Maschen.

13. Nach 32 cm = 62 Reihen ab Bund alle Maschen locker abketten.
14. Den 2. Ärmel ebenso arbeiten.

FERTIGSTELLEN

15. Schulternähte schließen.
16. Für die Halsblende 68 Maschen mit der Rundstricknadel Nr. 8 und Farbe A aus dem Ausschnittrand auffassen. In Runden 4 cm = 10 Runden im Rippenmuster stricken, dann alle Maschen locker abketten.
17. Die Ärmel zwischen den Markierungen annähen. Seiten- und Ärmelnähte in einem Arbeitsgang schließen.
18. Nach Belieben oder Abbildung die Seiten-, Ärmeleinsatz- und Schulternähte jeweils mit 1 Reihe Kettmaschen in der Kontrastfarbe behäkeln, dabei von außen durch das Gestrick stechen und den Arbeitsfaden aufnehmen. Der Arbeitsfaden liegt auf der Rückseite der Arbeit unter der Naht. Darauf achten, dass sich die Ränder weder zusammenziehen noch ausdehnen.
19. Alle Fäden vernähen.

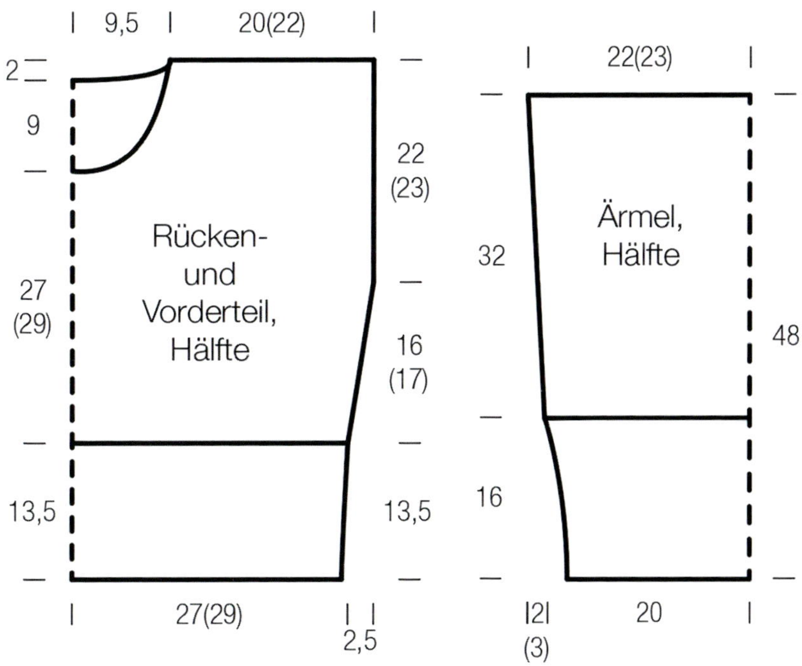

Die Vielstrickerin

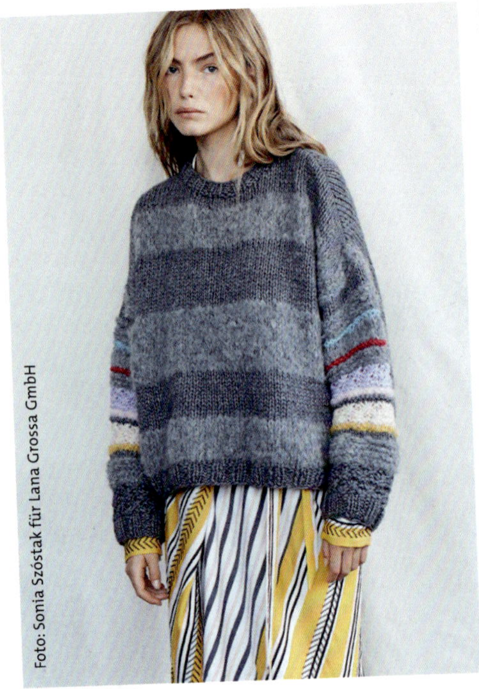

Foto: Sonia Szóstak für Lana Grossa GmbH

Elli hat sich diesen Sweater auserkoren

Ellis Liste fertiger Strickstücke ist lang und vielfältig: „Pullis für mich und während Corona auch für ein paar Freunde, Schals, Mützen, auch mal einen Rock und eine Decke sowie kleine Sachen wie Socken." Sie strickt besonders gern mit großen Nadeln und einfachen Mustern.

„Ich finde es schön, meine Hände beschäftigt zu halten", erklärt die freiberufliche Architektin ihre Stricklust. „Solange ich eine Fernbeziehung hatte, habe ich gern im Zug gestrickt. An der Uni hatte ich mein Strickzeug viel in Vorlesungen in Arbeit, da mein Kopf wacher geblieben ist, wenn meine Hände in Bewegung waren."

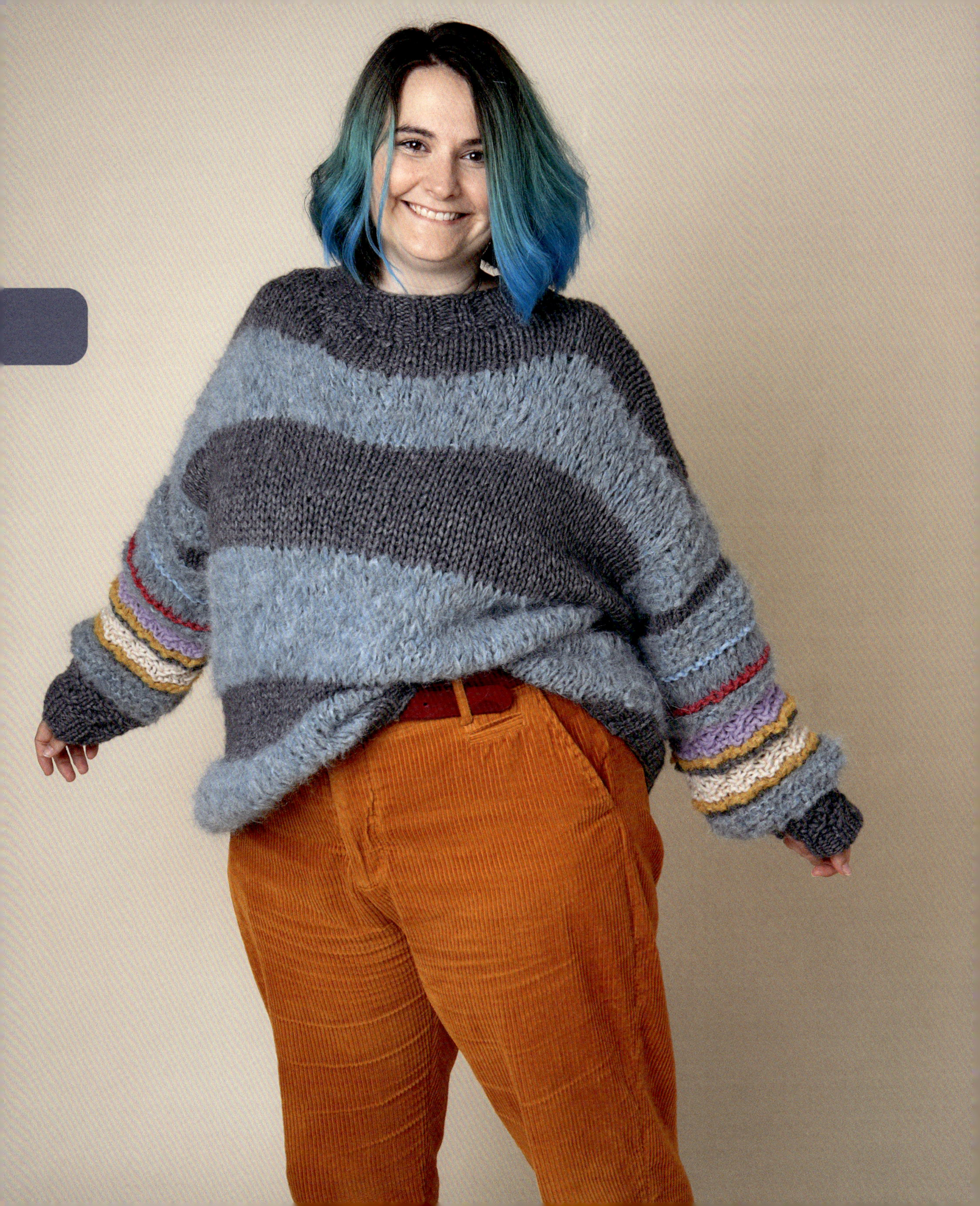

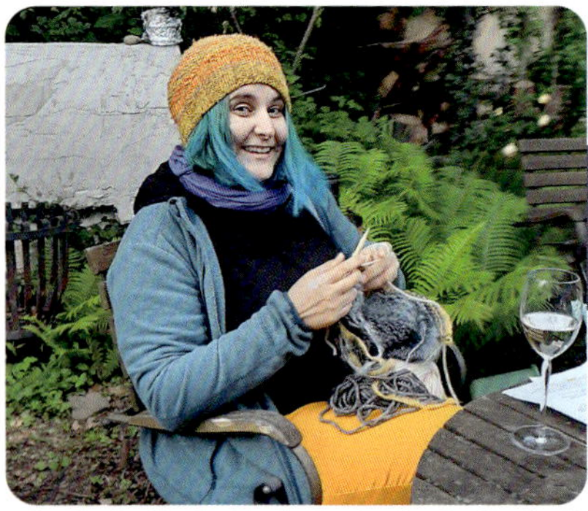
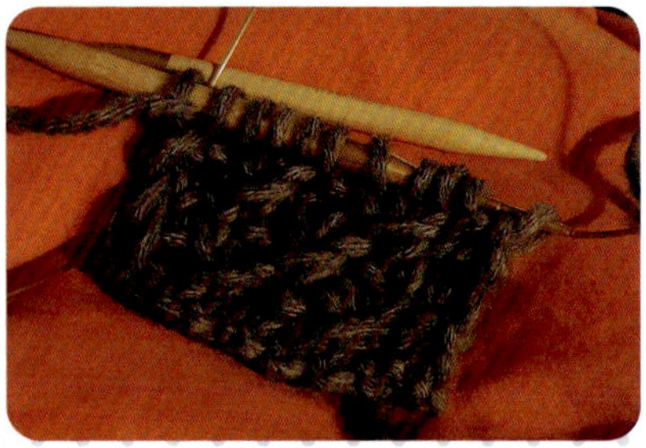
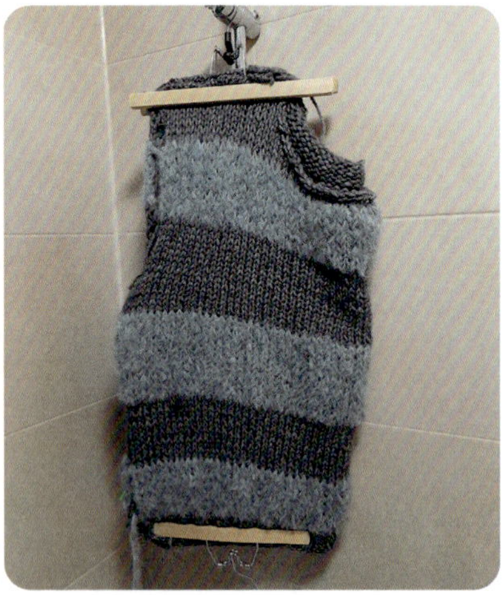
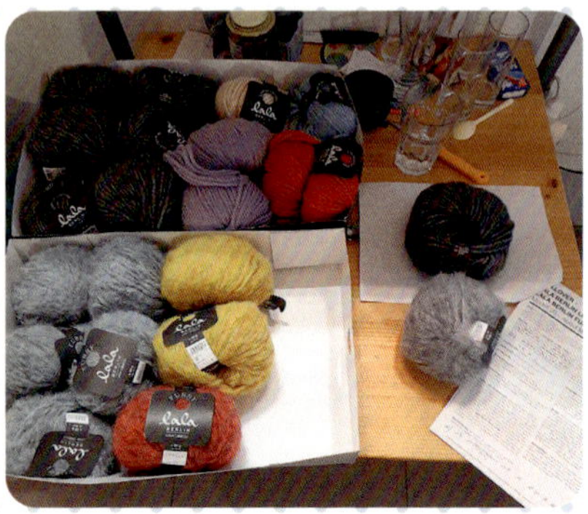

An ihrem Pulli haben sie vor allem die bunten Ärmel angesprochen, und dass er so kuschelig ist. Ihre Maschenprobe war etwas zu locker, deshalb hat sie eine Nummer kleinere Nadeln gewählt. Variiert hat sie auch beim Streifenmuster der Ärmel, hier hat Elli zweimal Gelb eingesetzt, weil sie die Farbe so schön fand.

Wann sie ihren Comfy Sweater tragen wird? „Immer wenn es kalt wird. Oder auch an grauen Tagen, wenn es schön ist, sich einzukuscheln. Vielleicht wird er auch in der Übergangszeit im Frühjahr oder Herbst als zusätzliche Lage für einen Abend an der Isar mitgenommen“, beantwortet sie die Frage.

Ellis besonderes Highlight im Projekt:
„Das Fotoshooting hat Spaß gemacht! Ich habe mich in meinem Pullover absolut wohl gefühlt.“

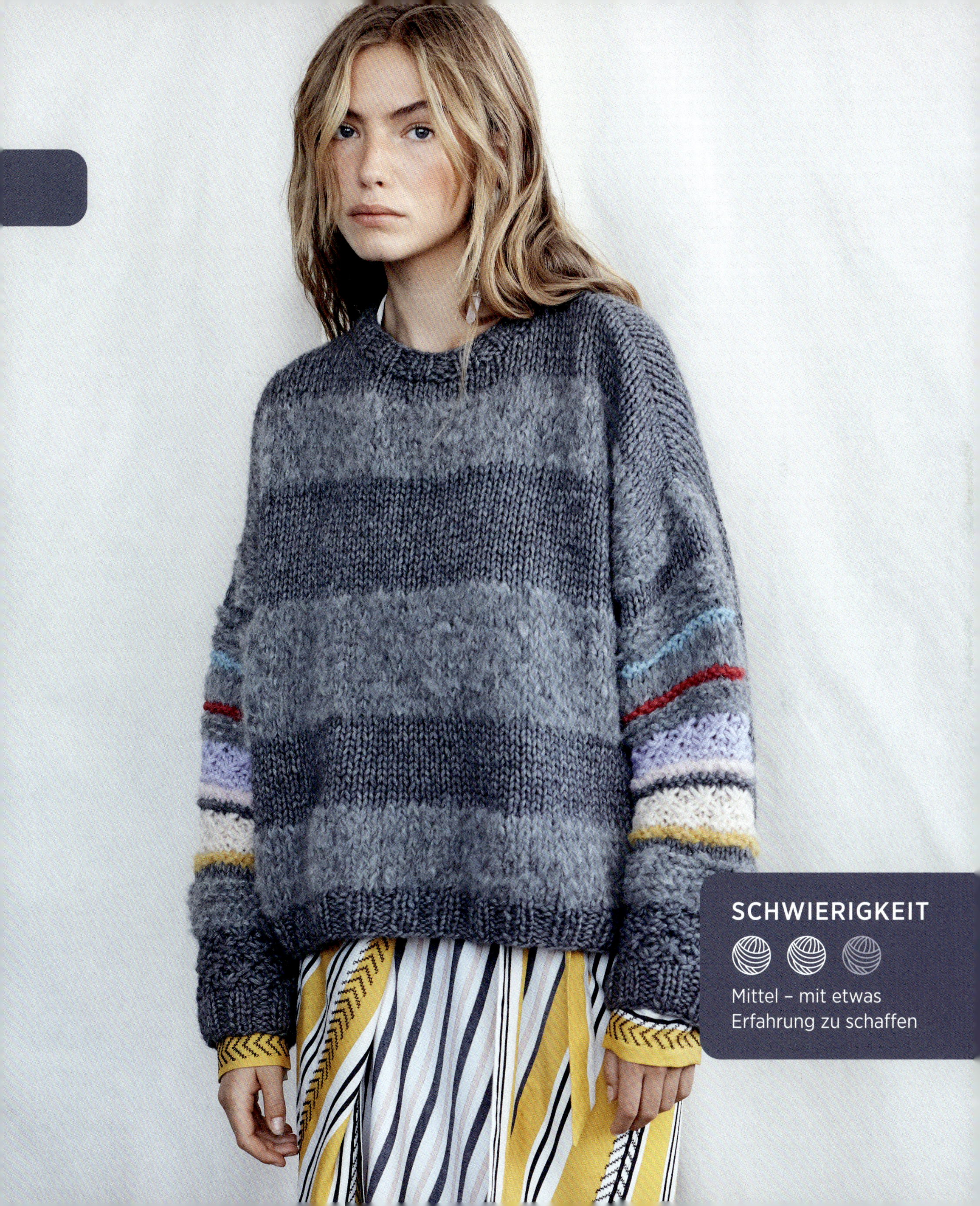

SCHWIERIGKEIT

Mittel – mit etwas Erfahrung zu schaffen

Sweater mit gemusterten Ärmeln

GRÖẞE

36/38, 40/42 und 44/46
Die Angaben für Größe 36/38 stehen vor der Klammer, die Angaben für Größe 40/42 stehen in der Klammer vor dem Strich, die Angaben für Größe 44/46 stehen nach dem Strich. Bei nur einer Angabe gilt diese für alle Größen.

MATERIAL

Lana Grossa **„Lala Berlin Lovely Cotton"** (75% Schurwolle (Merino), 25% Baumwolle; Lauflänge 90 m/50 g): **200 (250–300) g** Dunkelgrau **(Farbe 19)**, **50 g** Flieder **(Farbe 29)**, **50 g** Natur **(Farbe 7)** sowie je **50 g** oder **ein Rest** Weinrot **(Farbe 25)** und Hellblau **(Farbe 21)**.
Lana Grossa **„Lala Berlin Furry"** (90% Baby Alpaka, 10% Polyamid; Lauflänge 75 m/50 g): **150 (200–250) g** Grau **(Farbe 11)**, je **50 g** oder **ein Rest** Gelb **(Farbe 3)** und Pastellrosa **(Farbe 12)**.
Die Farbkollektionen werden saisonal überarbeitet, dadurch können einzelne Farben des Originalmodells nicht mehr verfügbar sein.
Bei der Qualität „Lala Berlin Lovely Cotton" stehen dir 18 Farben und bei der Qualität „Lala Berlin Furry" 17 Farben zur Auswahl, daraus kannst du nach Belieben kombinieren. Bei der Muster- und Streifenfolge der Ärmel kannst du prima variieren, ob du lieber starke Kontrastfarben möchtest oder es Ton-in-Ton bevorzugst.
Auch Elli hat sich hier nicht streng an die Vorgabe gehalten und auf die Farbe Pastellrosa ganz verzichtet, dafür aber nochmals Gelb verwendet, außerdem hat sie **„Lala Berlin Furry"** in Grau durch Graublau **(Farbe 14)** ersetzt.
Stricknadeln Nr. 7 und 9 sowie 1 Rundstricknadel Nr. 7 in 40 cm Länge

MUSTER

Rippenmuster
2 Maschen links, 2 Maschen rechts im Wechsel stricken.

Glatt rechts
In Hinreihen rechte Maschen, in Rückreihen linke Maschen stricken.

Kraus rechts

In Hin- und Rückreihen rechte Maschen stricken.

Sternchenmuster

Maschenzahl teilbar durch 4 + 1 + 2 Randmaschen. Siehe Strickschrift. Es sind die Hin- und Rückreihen gezeichnet. Die Maschen sind so dargestellt, wie sie gestrickt werden. Mit 1 Randmasche und den Maschen vor dem Rapport beginnen, den Rapport stets wiederholen, enden mit den Maschen nach dem Rapport und 1 Randmasche. Die 1.–4. Reihe 1 x arbeiten.

Streifenfolge – Vorder- und Rückenteil

10 Reihen „Lala Berlin Furry" Grau, 12 Reihen „Lala Berlin Lovely Cotton" Dunkelgrau, 14 Reihen „Lala Berlin Furry" Grau, 16 Reihen „Lala Berlin Lovely Cotton" Dunkelgrau, 10 Reihen „Lala Berlin Furry" Grau. Rücken- und Vorderteil in „Lala Berlin Lovely Cotton" Dunkelgrau beenden.

Muster- und Streifenfolge – Ärmel

„Lala Berlin Lovely Cotton" Dunkelgrau: 4 Reihen Sternchenmuster, 2 Reihen kraus rechts, 4 Reihen Sternchenmuster; „Lala Berlin Furry" Grau: 8 Reihen kraus rechts; „Lala Berlin Lovely Cotton" Dunkelgrau: 2 Reihen glatt rechts; „Lala Berlin Furry" Gelb: 2 Reihen kraus rechts; „Lala Berlin Lovely Cotton" Natur: 2 Reihen kraus rechts, 4 Reihen Sternchenmuster; „Lala Berlin Lovely Cotton" Dunkelgrau: 2 Reihen kraus rechts; „Lala Berlin Furry" Pastellrosa: 2 Reihen kraus rechts; „Lala Berlin Lovely Cotton" Flieder: 2 Reihen kraus rechts, 4 Reihen Sternchenmuster; „Lala Berlin Furry" Grau: 4 Reihen kraus rechts; „Lala Berlin Lovely Cotton" Weinrot: 2 Reihen kraus rechts; „Lala Berlin Furry" Grau: 4 Reihen glatt rechts; „Lala Berlin Lovely Cotton" Hellblau: 2 Reihen kraus rechts; „Lala Berlin Furry" Grau: 6 Reihen kraus rechts; „Lala Berlin Lovely Cotton" Dunkelgrau: 4 Reihen glatt rechts.
Ärmel in „Lala Berlin Furry" Grau kraus rechts beenden.

MASCHENPROBE

Mit Nadeln Nr. 9 glatt rechts in „Lala Berlin Lovely Cotton": 10 Maschen und 15 Reihen = 10 x 10 cm.

SO WIRD'S GEMACHT

Rückenteil

1. 66 (70 – 74) Maschen mit Nadeln Nr. 7 und „Lala Berlin Lovely Cotton" Dunkelgrau anschlagen. 4 cm im Rippenmuster stricken, dabei in der 1. Reihe (= Rückreihe) die Maschen wie folgt einteilen: Randmasche, 1 Masche links, * 2 Maschen rechts, 2 Maschen links, ab * stets wiederholen, 2 Maschen rechts, 1 Masche links, Randmasche.
2. Mit Nadeln Nr. 9 glatt rechts laut Streifenfolge weiterarbeiten. Für die Seitenschrägungen in der 5. Reihe ab Bund und noch 5 x in jeder folgenden 6. Reihe am Reihenanfang nach der Randmasche und am Reihenende vor der Randmasche je 1 Masche rechts verschränkt aus dem Querfaden zunehmen = 78 (82 – 86) Maschen.
3. In 31 cm Gesamthöhe für die Armausschnitte beidseitig 1 x 3 (4 – 5) Maschen abketten = 72 (74 – 76) Maschen.

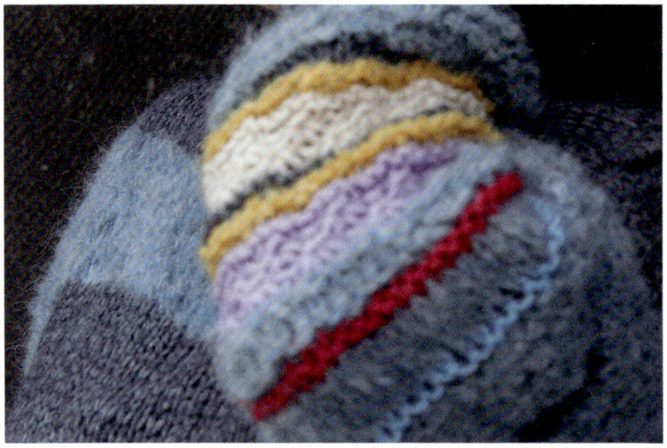

4. Nach 22 (23 – 24) cm Armausschnitthöhe für die Schulterschrägungen beidseitig 1 x 8 Maschen abketten, dann in jeder 2. Reihe noch 2 x je 8 Maschen (1 x 8 und 1 x 9 Maschen – 2 x je 9 Maschen) abketten.
5. In 54 (55 – 56) cm Gesamthöhe für den Halsausschnitt die mittleren 20 Maschen abketten und beide Seiten getrennt beenden. Für die Rundung am inneren Rand in der folgenden 2. Reihe noch 1 x 2 Maschen abketten. Damit sind alle Maschen aufgebraucht.

Vorderteil
6. Punkte 1–3 wie beim Rückenteil arbeiten.
7. In 48 (49 – 50) cm Gesamthöhe für den tieferen Halsausschnitt die mittleren 10 Maschen abketten und beide Seiten getrennt beenden. Für die Rundung am inneren Rand in jeder 2. Reihe 1 x 3, 1 x 2 und 2 x je 1 Masche abketten.
8. Gleichzeitig nach 22 (23 – 24) cm Armausschnitthöhe für die Schulterschrägung an der äußeren Kante 1 x 8 Maschen abketten, dann in jeder 2. Reihe noch 2 x je 8 Maschen (1 x 8 und 1 x 9 Maschen – 2 x je 9 Maschen) abketten.
9. In gleicher Höhe wie beim Rückenteil sind alle Maschen aufgebraucht.

Ärmel
10. 34 Maschen mit Nadeln Nr. 7 und „Lala Berlin Lovely Cotton“ Dunkelgrau anschlagen. 4 cm im Rippenmuster stricken, dabei die Maschen wie beim Rückenteil unter Punkt 1 einteilen. In der letzten Rückreihe 5 x nach jeder 6. Masche je 1 Masche aus dem Querfaden zunehmen = 39 Maschen.
11. Mit Nadeln Nr. 9 laut Muster- und Streifenfolge weiterarbeiten. Für die Ärmelschrägungen in der 9. (9. – 7.) Reihe ab Bund beidseitig 1 x 1 Masche zunehmen, dann 4 x in jeder 8. Reihe und 1 x in der folgenden 6. Reihe (1 x in der folgenden 8. Reihe und 5 x in jeder 6. Reihe – 6 x in jeder 6. Reihe und 1 x in der folgenden 4. Reihe) je 1 Masche dem Muster entsprechend zunehmen = 51 (53 – 55) Maschen.
12. In 41 (42 – 43) cm Gesamthöhe alle Maschen gerade abketten, dabei 5 x jede 8. und 9. Masche rechts zusammenstricken.
13. Den 2. Ärmel ebenso arbeiten.

FERTIGSTELLEN
14. Schulternähte schließen.
15. Für die Halsblende 60 Maschen mit der Rundstricknadel Nr. 7 und „Lala Berlin Lovely Cotton“ Dunkelgrau aus dem Ausschnittrand auffassen. In Runden 3 cm im Rippenmuster stricken, dann die Maschen locker abketten.
16. Ärmel einsetzen. Dann Seiten- und Ärmelnähte in einem Arbeitsgang schließen.
17. Alle Fäden vernähen.

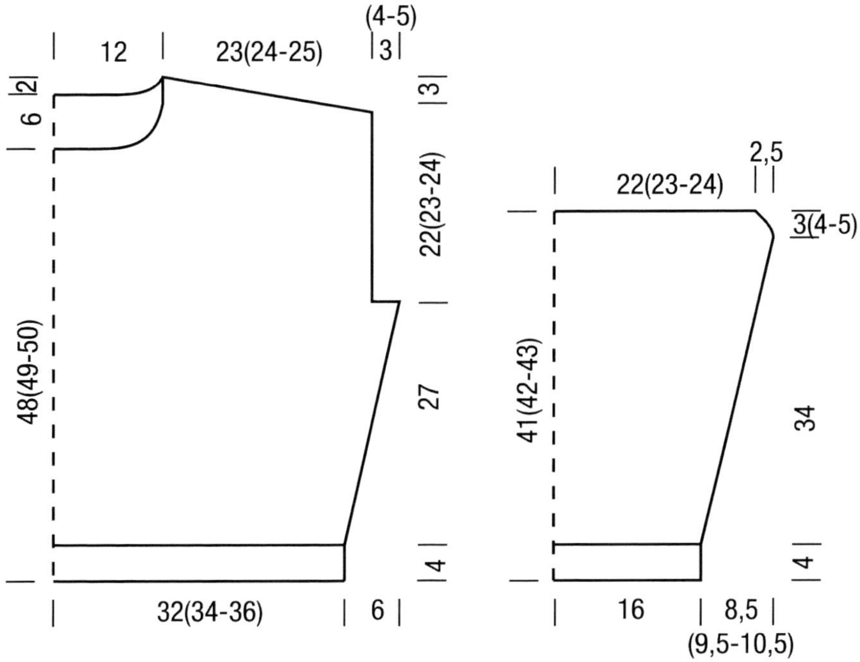

Strickschrift

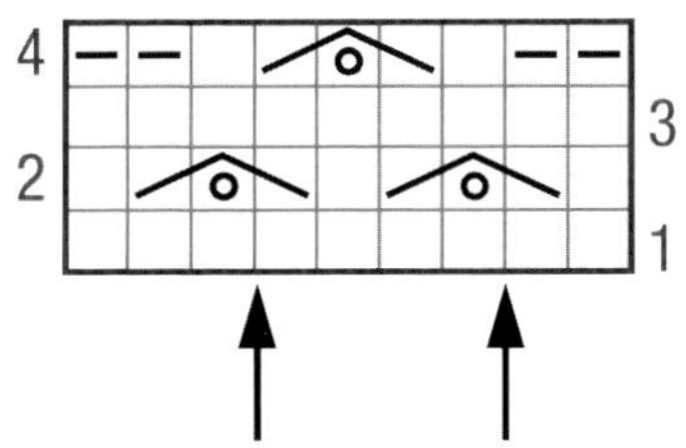

Rapport = 4 Maschen

Zeichenerklärung

= 1 Masche rechts

= 1 Masche links

= 3 Maschen links zusammenstricken, die Maschen jedoch nicht von der linken Nadel gleiten lassen, 1 Umschlag auf die rechte Nadel nehmen, dann noch einmal die 3 Maschen links zusammenstricken und erst jetzt die 3 Maschen von der linken Nadel gleiten lassen.

Die Zweimal-Strickerin

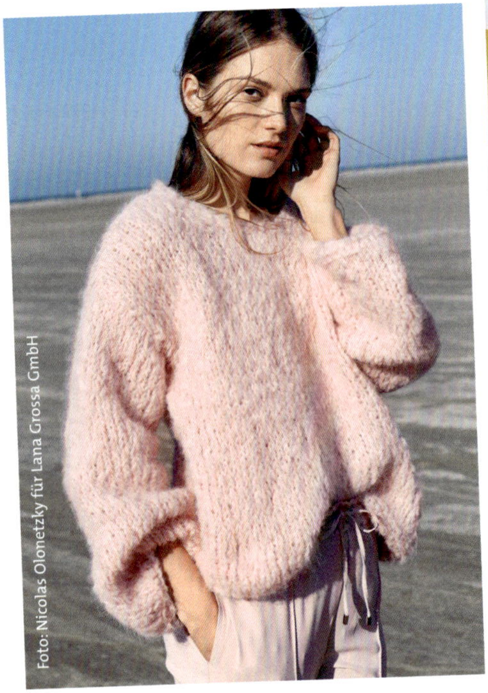

Steffi hat diesen Sweater zweifarbig gestrickt

Ups, I did it again! Steffi hat ihren Pulli gleich zweimal gestrickt. „Meine Maschenprobe war zu klein, dann habe ich lockerer gearbeitet, weil ich dachte, das passt schon, da das Modell ohnehin total oversize ist und ich recht klein bin. Am Ende habe ich die Teile etwas in die Breite gezogen, weil sie so schmal aussahen, und dabei vielleicht verzogen. Insgesamt war mein Modell in Rosa ok, aber ich hatte es mir halt viel größer, weiter und länger vorgestellt", erzählt sie von ihrem ersten Strickanlauf.

Also hat sie nochmal gestrickt, diesmal in anderen Farben, mit zehn Maschen mehr in der Breite und 10 cm Zugabe in der Länge. Beim Garn ist sie geblieben: „Die Wolle ist an sich nicht dick, aber wollig aufgearbeitet, ein bisschen wie Fell. Für AnfängerInnen perfekt geeignet, da man zügig einen Fortschritt sieht."

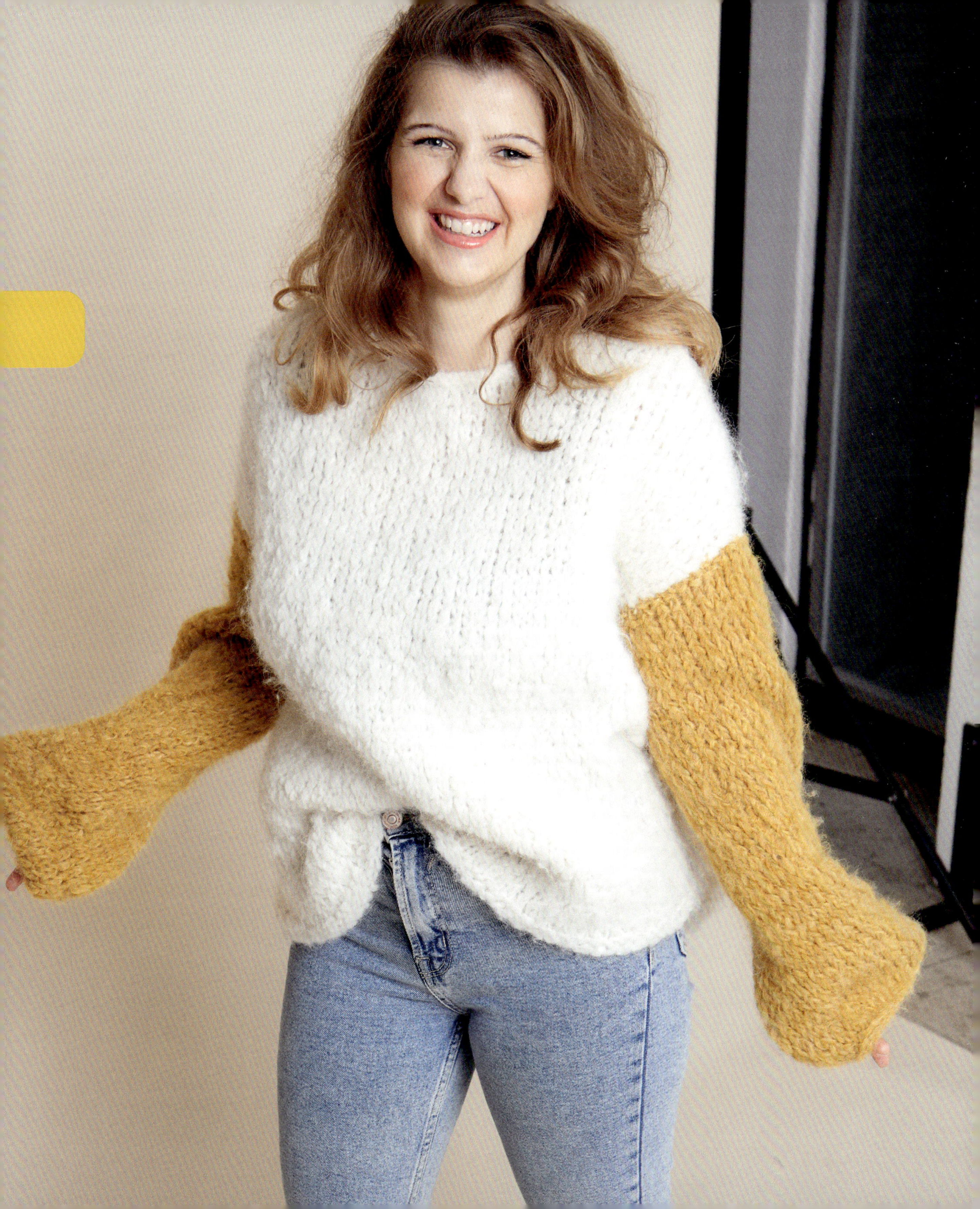

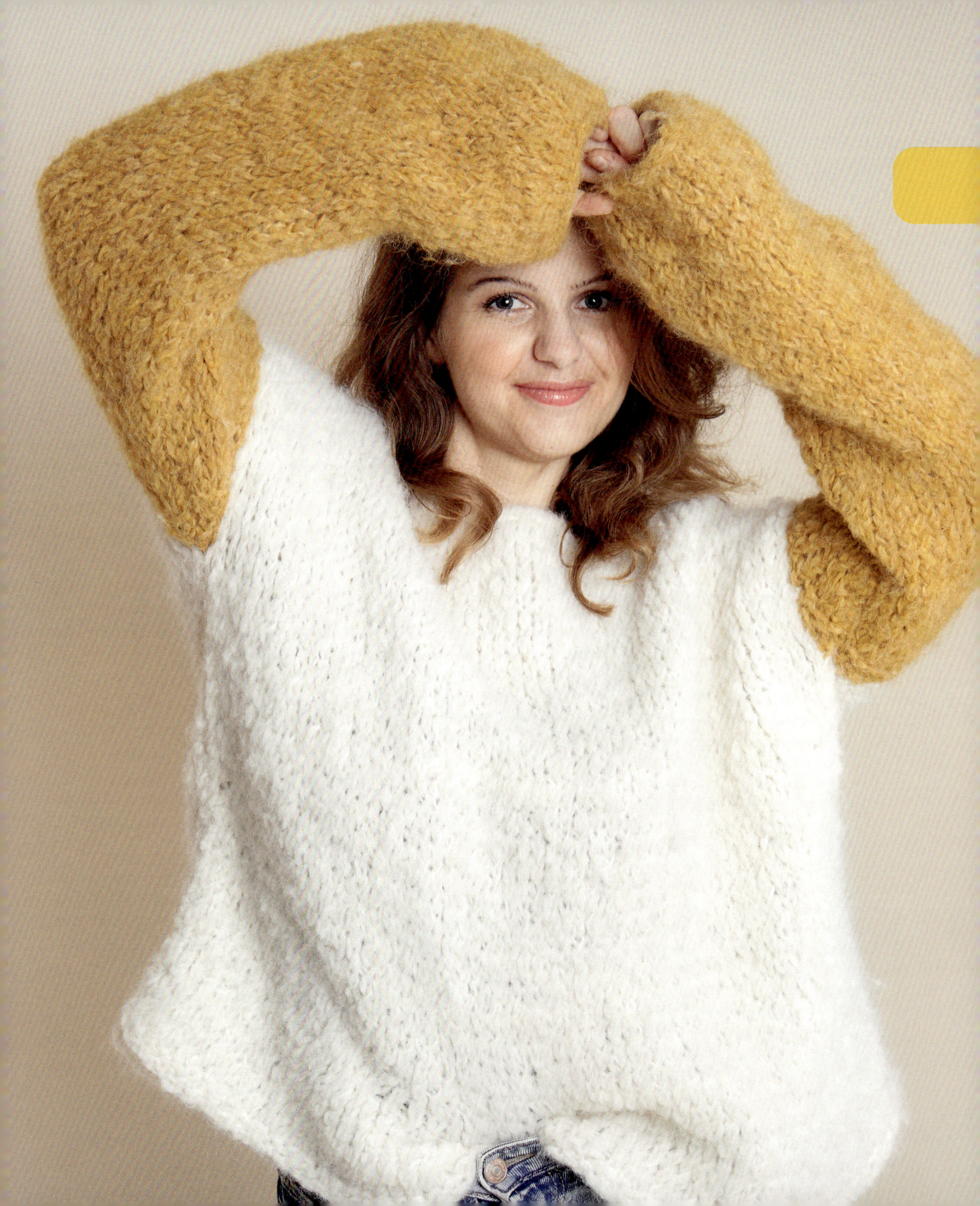

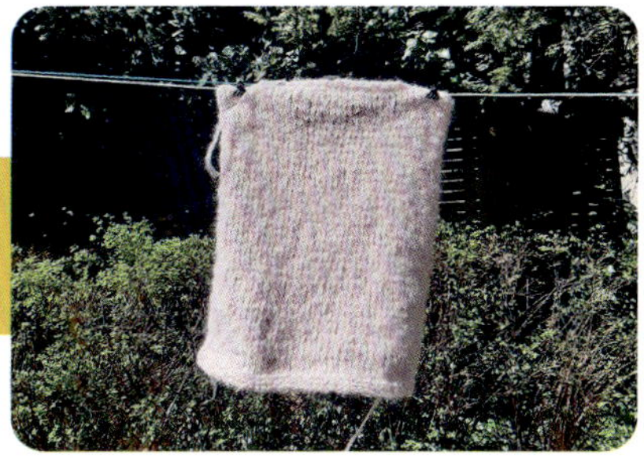

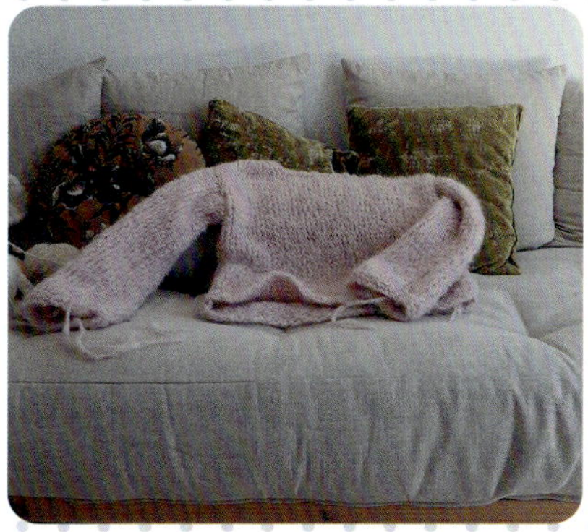

„Stricken ist super zum Abschalten. Für mich ist es ideal, wenn ich nicht so aufs Muster achten muss. Da nadel ich dann vor mich hin und vergesse die Zeit. Meine Pullis sind sicher nicht perfekt, aber das ist auch nicht mein Anspruch. Es macht Spaß, ein Strickstück wachsen zu sehen, kleine Fehler machen es besonders“, beschreibt sie ihre Freude am Maschenhobby.

Steffis Praxis-Tipp: Unbedingt die Maschenprobe machen, auch wenn man sich am Anfang gleich ins Projekt stürzen will.

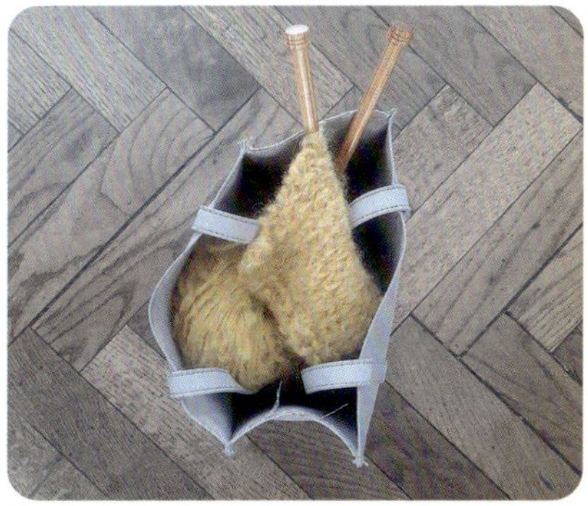

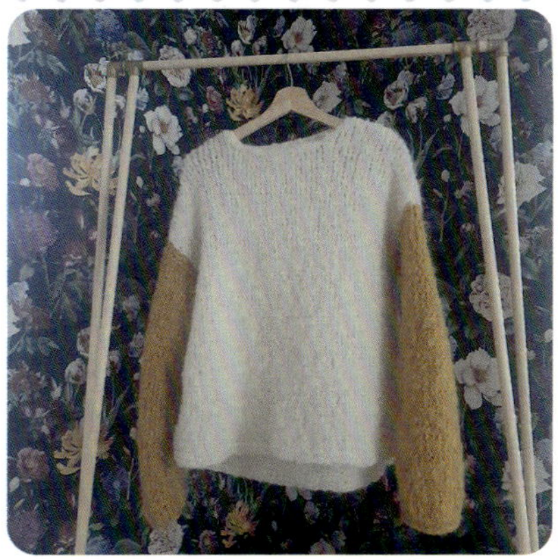

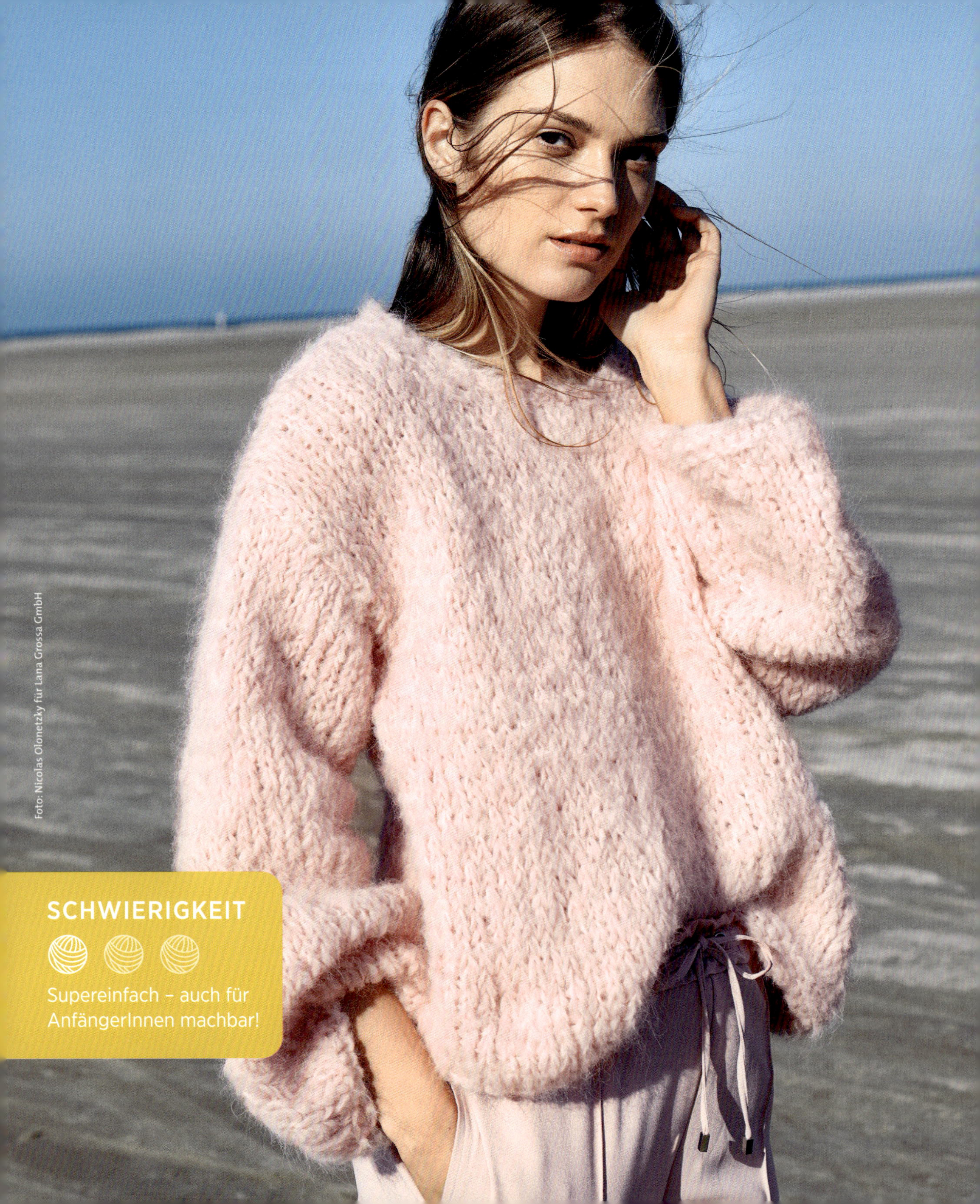

Foto: Nicolas Olonetzky für Lana Grossa GmbH

SCHWIERIGKEIT

Supereinfach – auch für AnfängerInnen machbar!

Glatt rechts gestrickter Sweater aus Effektgarn

GRÖẞE

36 – 40
Aufgrund der lässigen Form passt das Modell für alle angegebenen Größen.

MATERIAL

Lana Grossa **„Lala Berlin Furry“** (90% Alpaka (Baby), 10% Polyamid; Lauflänge ca. 75 m/50 g): **350 g** Pastellrosa **(Farbe 12)**.
Das Material gibt es in 17 aktuellen Farbtönen, aus denen du deinen Favoriten aussuchen kannst oder du kombinierst ebenfalls zwei Farben, wie Steffi bei ihrem Pullover.
Steffi hat für das Vorder- und Rückenteil **300 g** in Rohweiß **(Farbe 1)** und für die Ärmel **150 g** in Gelb verarbeitet.
Stricknadeln Nr. 9 und 10 sowie 1 Wollhäkelnadel Nr. 9

MUSTER

Knötchenrand
Die 1. Masche jeder Reihe wie zum Rechtsstricken abheben und die letzte Masche jeder Reihe rechts stricken (Lehrgang Seite 117).
Hinweis: Alle Ränder mit Knötchenrand arbeiten!

Kraus rechts
In Hin- und Rückreihen rechte Maschen stricken.

Glatt rechts
In Hinreihen rechte Maschen, in Rückreihen linke Maschen stricken.

Betonte Abnahmen
Am Reihenanfang nach der 2. Masche 2 Maschen überzogen zusammenstricken (= 1 Masche wie zum Rechtsstricken abheben, die folgende Masche rechts stricken, dann die abgehobene Masche darüberziehen), am Reihenende vor den letzten 2 Maschen 2 Maschen rechts zusammenstricken (Lehrgang Seite 101).

MASCHENPROBE

Glatt rechts mit Nadeln Nr. 10 gestrickt:
8 Maschen und 13,5 Reihen = 10 x 10 cm.
Hinweis: Das längere Rückenteil wird auf die Länge des Vorderteils eingehalten und erhält dadurch mehr Volumen.

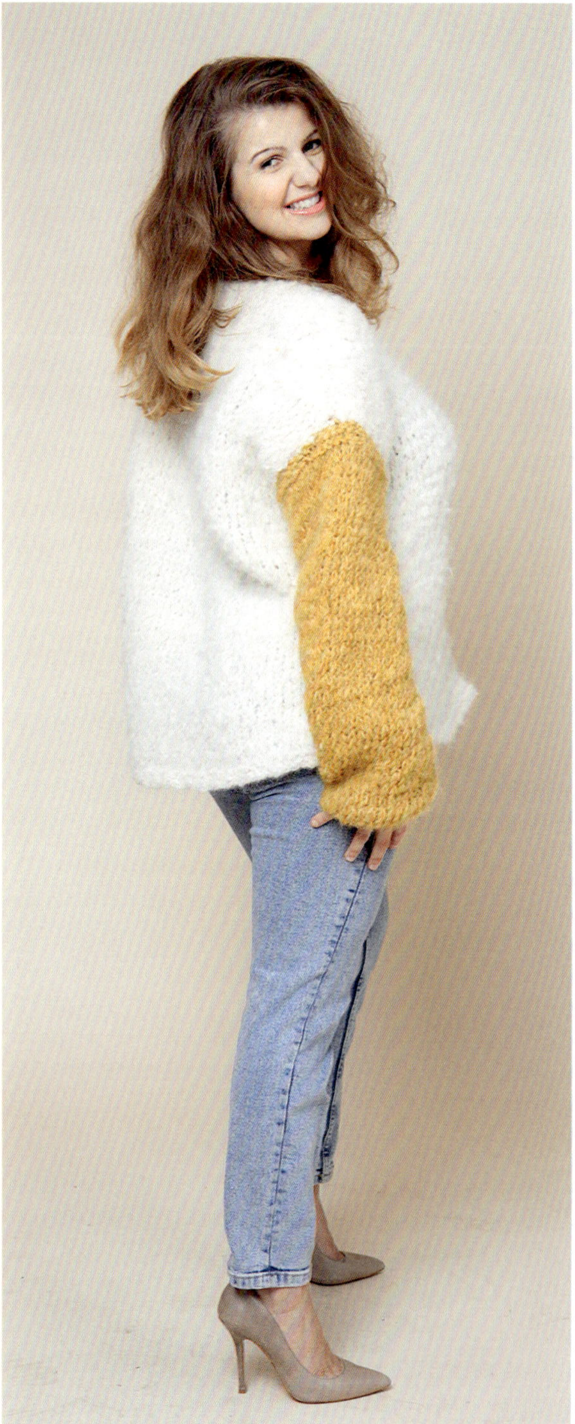

SO WIRD'S GEMACHT

Rückenteil

1. 50 Maschen mit Nadeln Nr. 9 anschlagen. Für die Blende 2,5 cm = 3 Reihen kraus rechts stricken, dabei mit 1 Rückreihe beginnen.

2. Mit Nadeln Nr. 10 zwischen den Randmaschen glatt rechts weiterarbeiten.

3. Nach 30 cm = 42 Reihen ab Blende beidseitig den Beginn der Armausschnitte markieren und gerade weiterstricken.

4. In 18 cm = 24 Reihen Armausschnitthöhe beidseitig für die Schulterschrägungen 1 x 4 Maschen abketten, dann in jeder 2. Reihe noch 2 x je 5 Maschen abketten.

5. In der folgenden Reihe die restlichen 22 Maschen für den Halsausschnittrand abketten.

Vorderteil

6. Punkte 1 und 2 wie beim Rückenteil arbeiten.

7. Wegen der kürzeren Seitenlängen bereits nach 27,5 cm = 38 Reihen ab Blende beidseitig den Beginn der Armausschnitte markieren und gerade weiterstricken.

8. Für den Halsausschnitt in 15 cm = 20 Reihen Armausschnitthöhe die mittleren 14 Maschen abketten und beide Seiten getrennt weiterstricken. Am inneren Rand für die Schrägung in jeder 2. Reihe 4 x je 1 Masche betont abnehmen.

9. Gleichzeitig in 18 cm = 24 Reihen Armausschnitthöhe für die Schulterschrägung am äußeren Rand 1 x 4 Maschen abketten, dann in jeder 2. Reihe noch 2 x je 5 Maschen abketten.

10. Nach der letzten Schulterabnahme sind alle Maschen aufgebraucht.

Ärmel

11. 32 Maschen mit Nadeln Nr. 9 anschlagen. Für die Blende 2,5 cm = 3 Reihen kraus rechts stricken, dabei mit 1 Rückreihe beginnen.

12. Mit Nadeln Nr. 10 zwischen den Randmaschen glatt rechts weiterarbeiten.

13. Nach 42,5 cm = 58 Reihen ab Blende alle Maschen locker abketten.

14. Den 2. Ärmel ebenso arbeiten.

FERTIGSTELLEN

15. Schulter- und Ärmelnähte schließen.

16. Den Halsausschnittrand mit Häkelnadel Nr. 9 mit 1 Runde fester Maschen umhäkeln, dabei den Rand jedoch nicht einhalten.

17. Seitennähte jeweils bis zur Markierung schließen, dabei die Seitenlängen des Rückenteils gleichmäßig verteilt auf die des Vorderteils einhalten.

18. Ärmel einsetzen.

19. Alle Fäden vernähen.

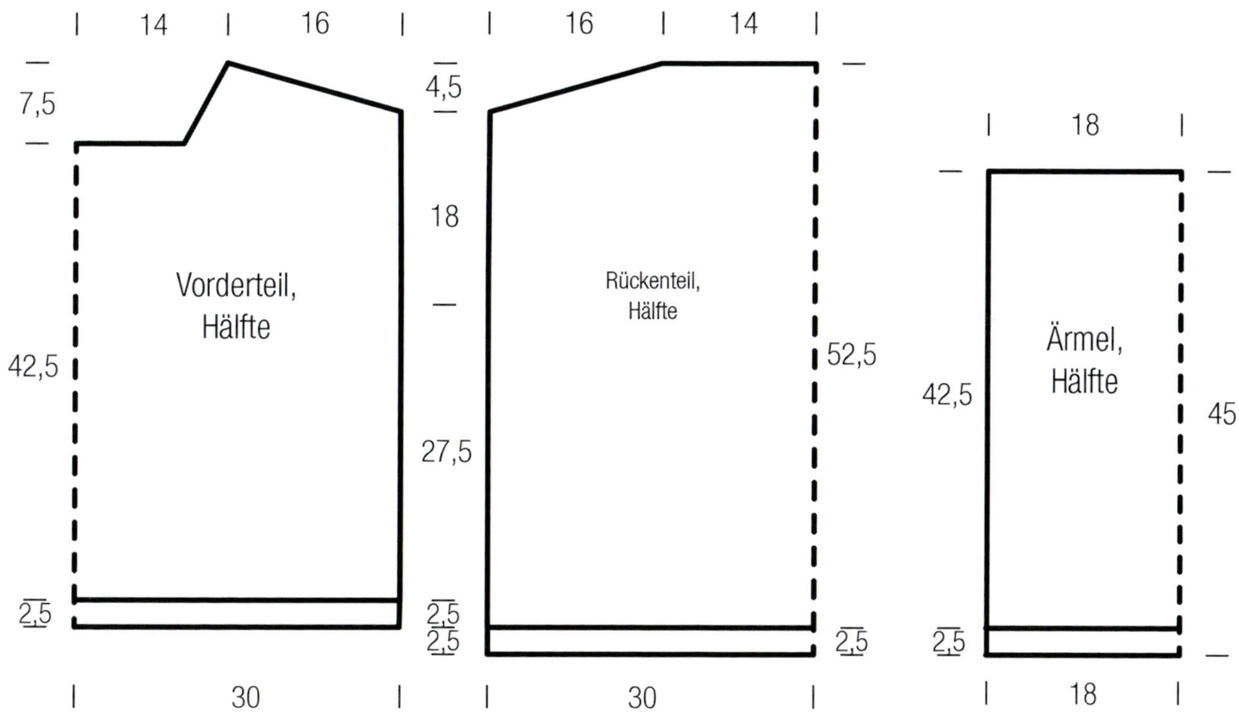

Die Modellverliebte

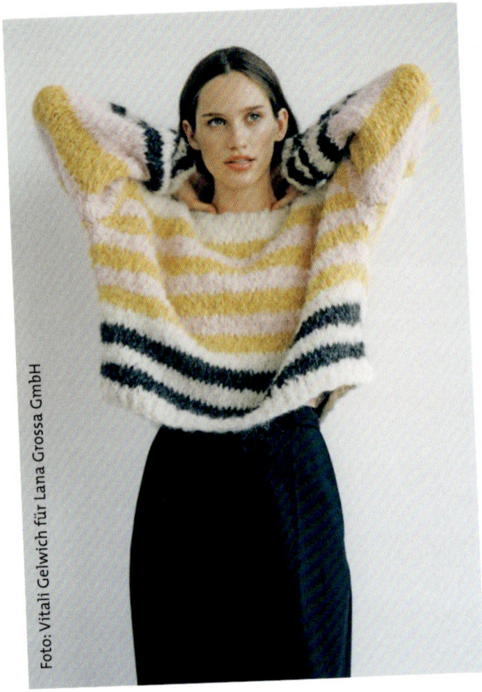

Foto: Vitali Gelwich für Lana Grossa GmbH

Joana hat sich diesen Sweater ausgesucht

„Besonders gut haben mir die Farben und die breiten Streifen gefallen. Ich liebe den Oversized-Look, perfekt zum Einkuscheln“, schwärmt Joana von ihrem Comfy Sweater. Sie weiß auch schon ganz genau, wie sie ihn stylen will: „Gerne zu einem luftigen Blümchenkleid oder -rock, sicher auch mit Mom-Jeans und natürlich mit schlichter, schwarzer Hose für einen sportlichen Look. Ich kann den Pulli in jeder Situation tragen – Stadtbummel, Cafébesuch mit Freunden oder auch im Büro, und auf der Couch sowieso!“, Outfits und Anlässe für ihr Modell fallen der 21-jährigen Studentin viele ein.

„Die Wolle ist eigentlich sehr dünn, wirkt aber dick und voluminös. Zu Beginn hatte ich etwas Angst, damit zu stricken, da ich nicht so geübt bin. Nach ein paar Maschen ging es aber ganz flüssig von der Hand. Vor allem durch die dicken Nadeln war es kein Problem“, sagt sie über ihr Garn.

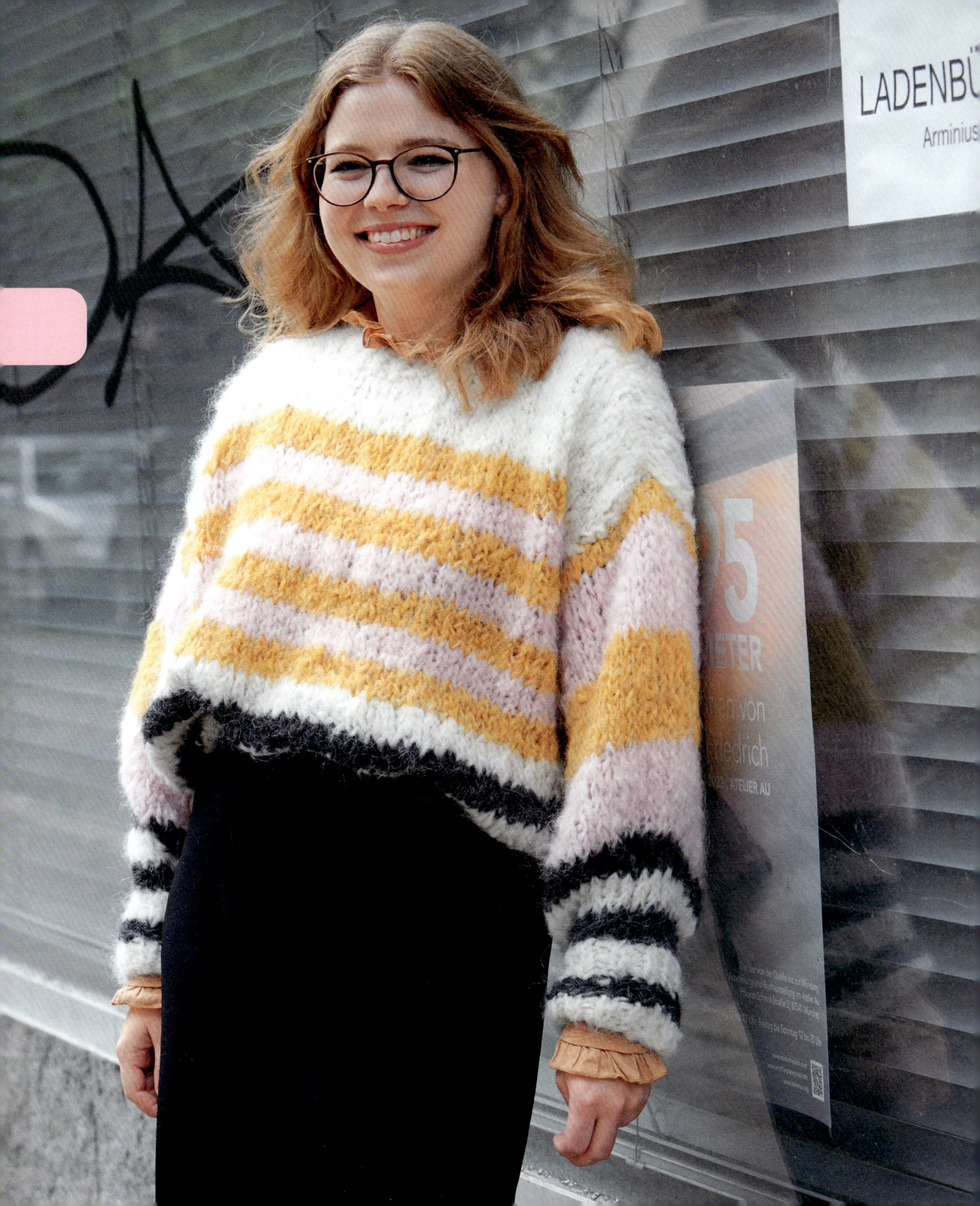

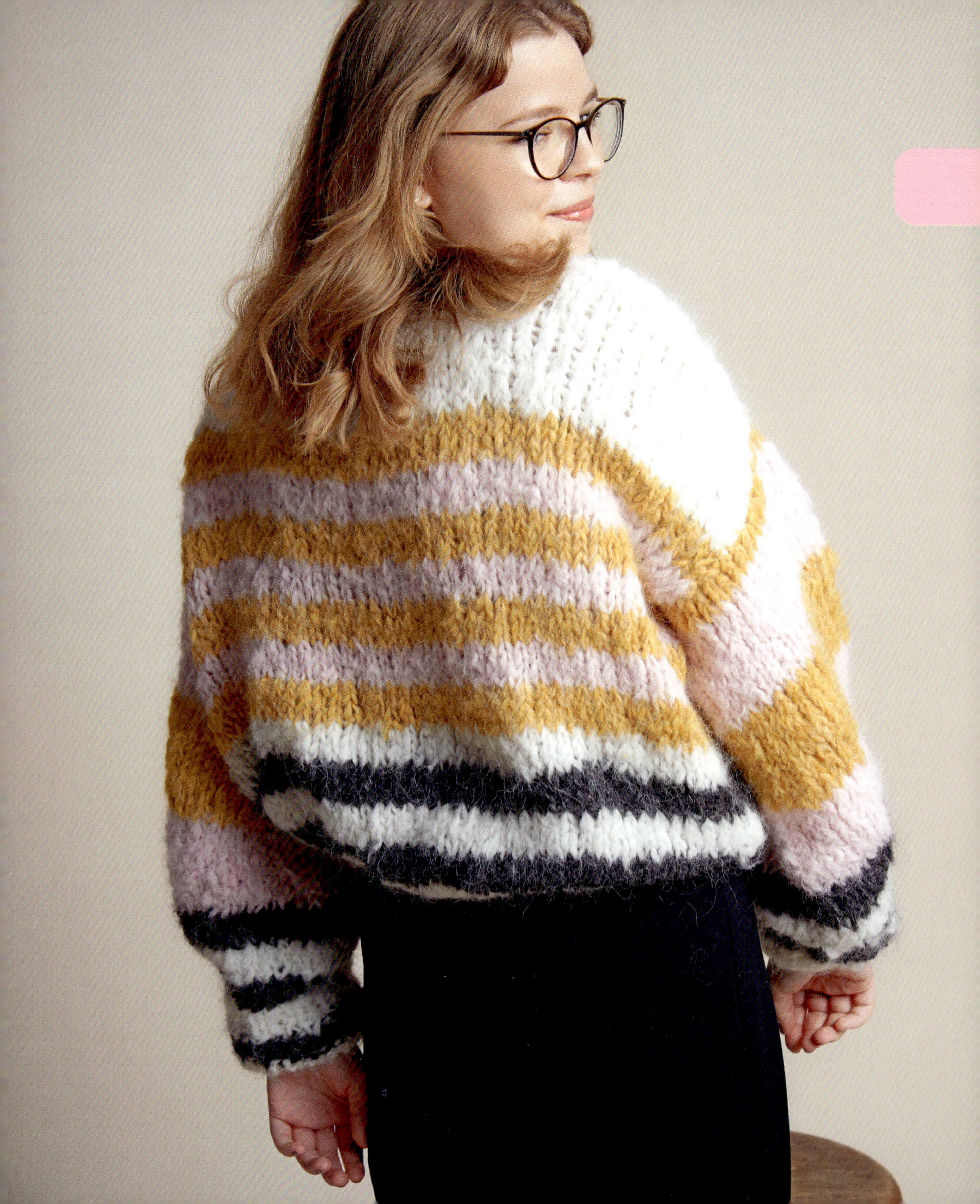

„Gestrickt habe ich abends nach der Arbeit und auch am Wochenende. Bei schönem Wetter am liebsten im Garten oder auf dem Balkon. Ich schaue gern Serien und Filme nebenher oder höre ein Hörbuch. Aber nur Dinge, die ich schon kenne, sonst bekomme ich entweder zu wenig mit, oder es wird vor Ablenkung keine einzige Reihe fertig", beschreibt Joana ihre Strickzeit.

Eigentlich häkelt Joana öfter als sie strickt. Bisher ist sie noch nie so ein großes Strickprojekt angegangen. „Ich bin sehr stolz auf mich", sagt die angehende Kommunikationswissenschaftlerin. „Stricken fällt für mich in die Kategorien Me-Time und Selfcare. Ich finde es sehr entspannend und beruhigend."

Joanas Urteil über ihr Strickwerk: „Mein Pulli ist noch viel besser geworden, als ich ihn mir vorgestellt habe!"

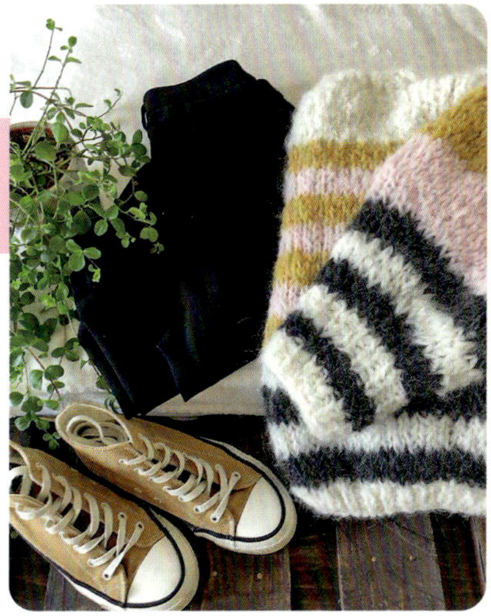

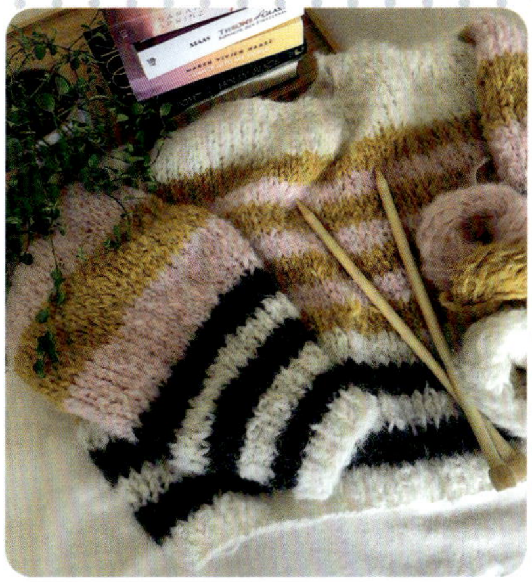

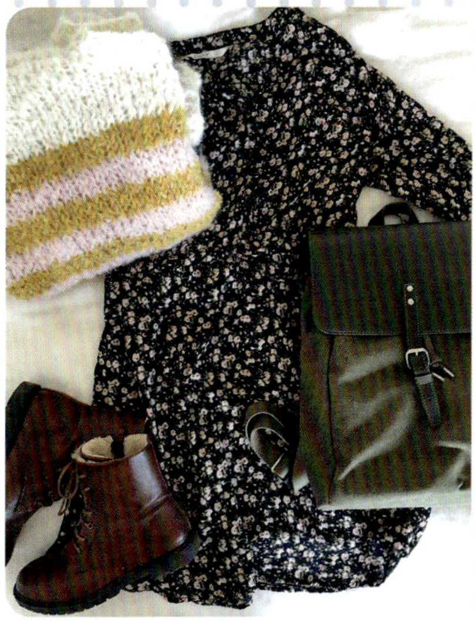

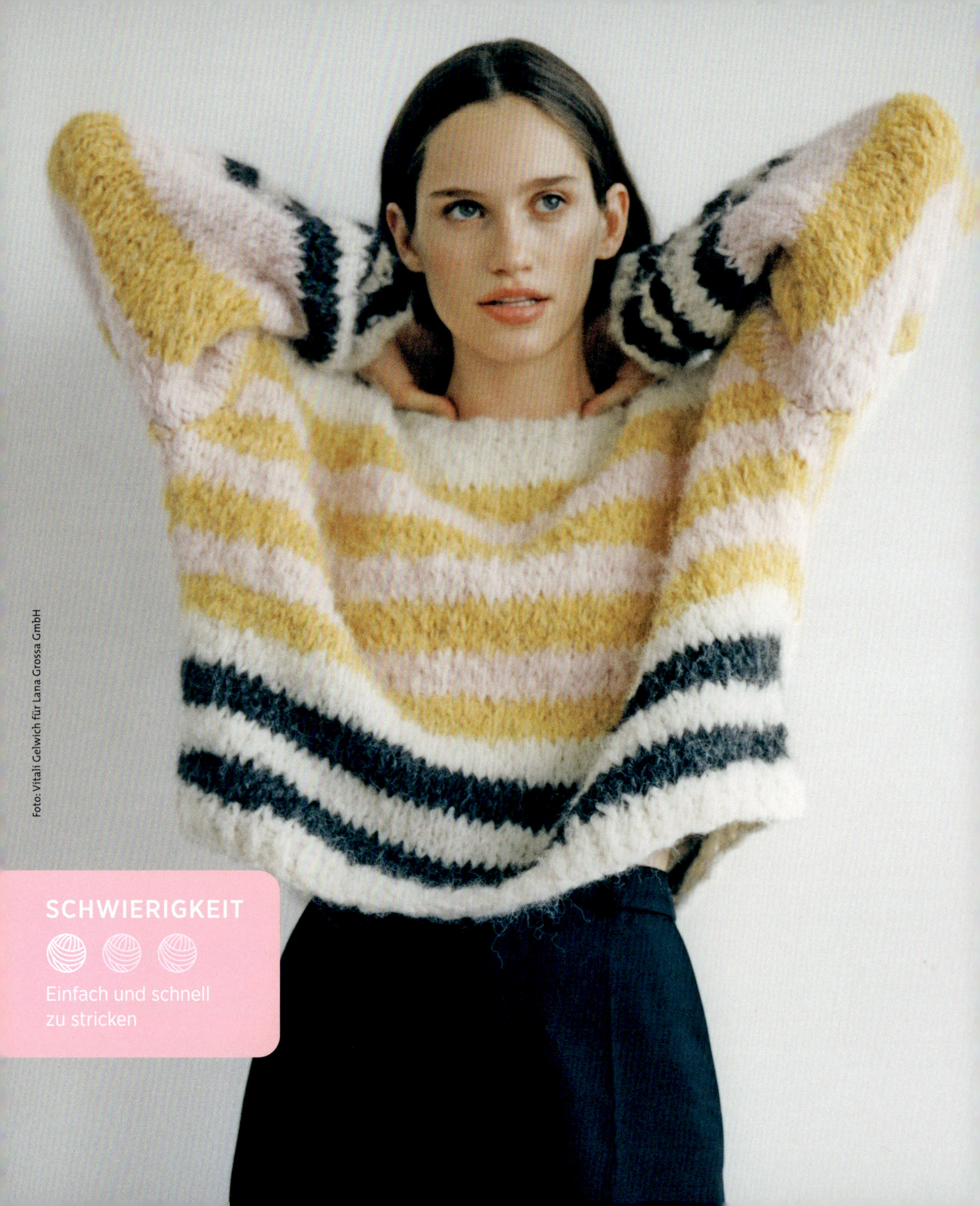

Foto: Vitali Gelwich für Lana Grossa GmbH

SCHWIERIGKEIT

Einfach und schnell zu stricken

Pullover glatt rechts *in Streifen*

GRÖßE

36/38 (40/42)
Die Angaben für Größe 40/42 stehen in Klammern. Steht nur eine Angabe, so gilt sie für beide Größen.

MATERIAL

Lana Grossa **„Lala Berlin Furry“** (90% Alpaka (Baby), 10% Polyamid; Lauflänge ca. 75 m/50 g): **150 (200) g** Rohweiß **(Farbe 1)** und je ca. **100 g** Anthrazit **(Farbe 10)**, Pastellrosa **(Farbe 12)** und Gelb **(Farbe 3)**.
Joana hat die Originalfarben verwendet, du kannst dir aber aus 17 aktuellen Farbtönen deine Lieblingsfarbkombination zusammenstellen.
Stricknadeln Nr. 8 und 12 sowie 1 Rundstricknadel Nr. 8 in 50 cm Länge

MUSTER

Rippenmuster
1 Masche rechts, 1 Masche links im Wechsel stricken.

Glatt rechts
In Hinreihen rechte Maschen, in Rückreihen linke Maschen stricken.

Streifenfolge A für Rücken- und Vorderteil
Je 4 Reihen Anthrazit, Rohweiß, Anthrazit, Rohweiß, Gelb, Pastellrosa, Gelb, Pastellrosa, Gelb, Pastellrosa und Gelb, dann nur noch in Rohweiß stricken.

Streifenfolge B für Ärmel
Je 4 Reihen Anthrazit, Rohweiß, Anthrazit, je 10 Reihen Pastellrosa, Gelb und Pastellrosa, dann nur noch in Gelb stricken.

MASCHENPROBE

Glatt rechts mit Nadeln Nr. 12 gestrickt:
9 Maschen und 12 Reihen = 10 x 10 cm.

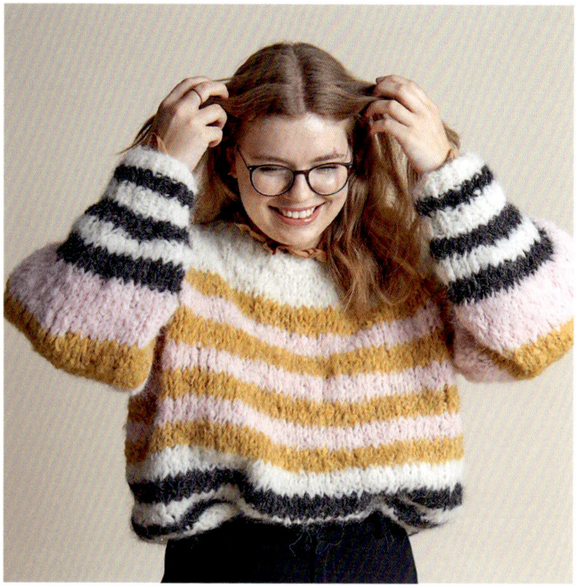

SO WIRD'S GEMACHT

Rückenteil

1. 54 (58) Maschen mit Nadeln Nr. 8 in Rohweiß anschlagen. Für den Bund 3,5 cm = 5 Reihen im Rippenmuster stricken, dabei mit 1 Rückreihe beginnen.

2. Mit Nadeln Nr. 12 glatt rechts in der Streifenfolge A weiterarbeiten.

3. Für die Seitenschrägungen in der 9. Reihe ab Bund beidseitig 1 x 1 Masche zunehmen, dann in jeder 8. Reihe noch 2 x je 1 Masche farbgemäß zunehmen, dazu am Reihenanfang nach der Randmasche und am Reihenende vor der Randmasche je 1 Masche rechts verschränkt aus dem Querfaden herausstricken = 60 (64) Maschen.

4. Nach 26,5 cm = 32 Reihen ab Bund beidseitig für die Armausschnitte 1 x 1 Masche abketten, dann in jeder 2. Reihe noch 3 x je 1 Masche abketten = 52 (56) Maschen.

5. Gerade weiterstricken.

6. In 19,5 (21,5) cm = 24 (26) Reihen Armausschnitthöhe für den Halsausschnitt die mittleren 20 Maschen abketten und beide Seiten getrennt weiterstricken.

7. In 3,5 cm = 4 Reihen Halsausschnitthöhe die restlichen je 16 (18) Schultermaschen abketten.

Vorderteil

8. Punkte 1–5 wie beim Rückenteil arbeiten.

9. Für den tieferen Halsausschnitt in 14,5 (16,5) cm = 18 (20) Reihen Armausschnitthöhe die mittleren 8 Maschen abketten und beide Seiten getrennt weiterstricken.

10. Am inneren Rand für die weitere Rundung in jeder 2. Reihe noch 1 x 3, 1 x 2 und 1 x 1 Masche abketten.

11. In 8,5 cm = 10 Reihen Halsausschnitthöhe die restlichen je 16 (18) Schultermaschen abketten.

Ärmel

12. 26 Maschen mit Nadeln Nr. 8 in Rohweiß anschlagen. Für den Bund 9 cm = 15 Reihen im Rippenmuster stricken, dabei mit 1 Rückreihe beginnen und nach der 5. Reihe ab Anschlag 4 Reihen in Anthrazit und 6 Reihen in Rohweiß stricken.

13. Mit Nadeln Nr. 12 glatt rechts in der Streifenfolge B weiterarbeiten, dabei in der 1. Reihe nach der 4. (2.) Masche und noch 17 (20) x nach jeder folgenden Masche je 1 Masche rechts verschränkt aus dem Querfaden zunehmen = 44 (47) Maschen.
14. Gerade weiterstricken.
15. Nach 33,5 cm = 40 Reihen ab Bund für die kurzen Schrägungen beidseitig 1 x 2 Maschen abketten, dann in jeder 2. Reihe noch 2 x je 1 Masche abketten.
16. In der folgenden Reihe die restlichen 36 (39) Maschen locker abketten.
17. Den 2. Ärmel ebenso arbeiten.

FERTIGSTELLEN

18. Schulternähte schließen.
19. Für die Halsblende 52 Maschen mit der Rundstricknadel Nr. 8 und Rohweiß aus dem Ausschnittrand auffassen. In Runden 2 cm = 3 Runden im Rippenmuster stricken, dann alle Maschen locker abketten.
20. Die Ärmel in die Armausschnitte einsetzen. Dann Seiten- und Ärmelnähte in einem Arbeitsgang schließen.
21. Alle Fäden vernähen.

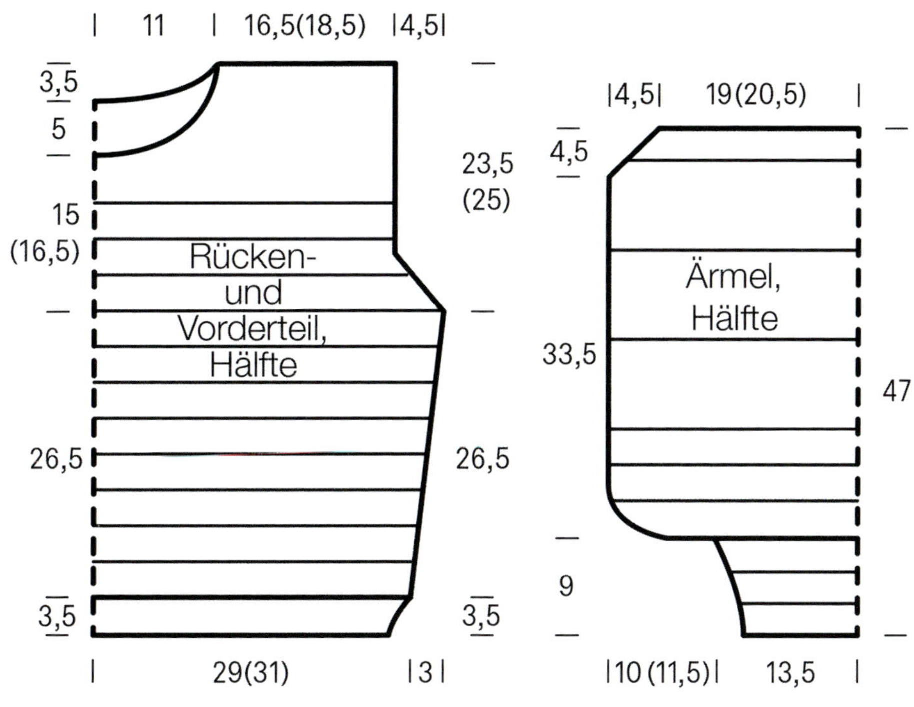

Die Strick-Ästhetin

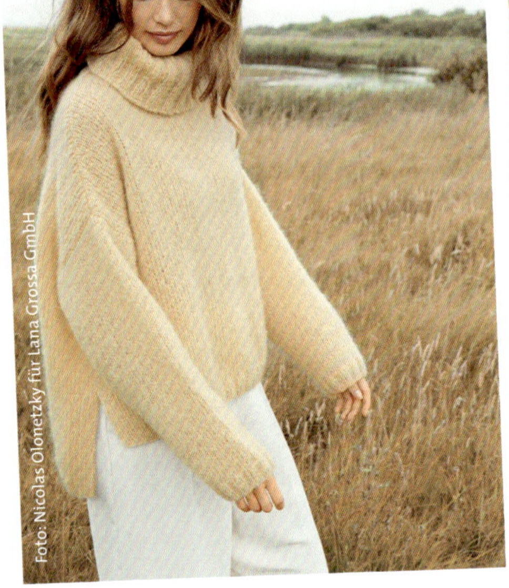

Grits Wahl fiel auf diesen Sweater

Grit hat ihr Modell mühelos, locker und entspannt bewältigt: „Der Pulli war für mich sehr einfach zu stricken. Das liegt aber daran, dass ich viel stricke und schon viele Projekte hinter mir liegen. Dazu ist er unkompliziert: glatt rechts, Bündchenmuster – alles kein Problem“.

Das Design empfindet sie als zeitlos, vielseitig und modern. „Mein Sweater lässt sich wirklich zu allem kombinieren. Ob Rock, Leder- oder Jogginghose, alles geht“, beschreibt sie ihre Styling-Ideen. Auch bei der Farbe hat sich Grit für ein dezentes Beige entschieden. Ihr Stil ist eben klassisch, pur und schlicht – auch wenn sie strickt.

Das Garn ist superkuschelig, weich, sehr warm, leicht und hochwertig. Sagen auch die Experten: „Unsere Kater, Linse und Filou, sind immer an meinem Strickzeug interessiert, aber diese Wolle war der Hit.

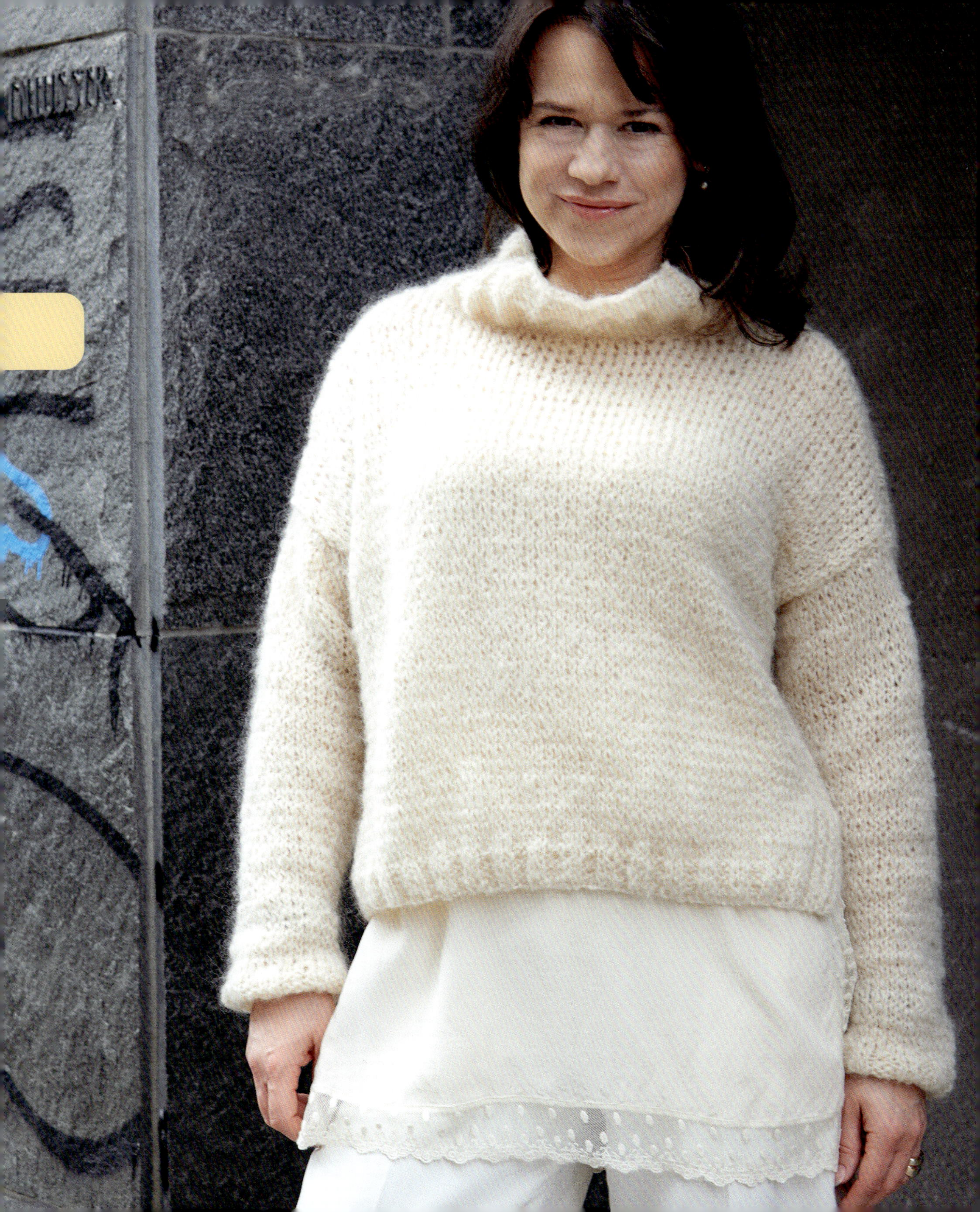

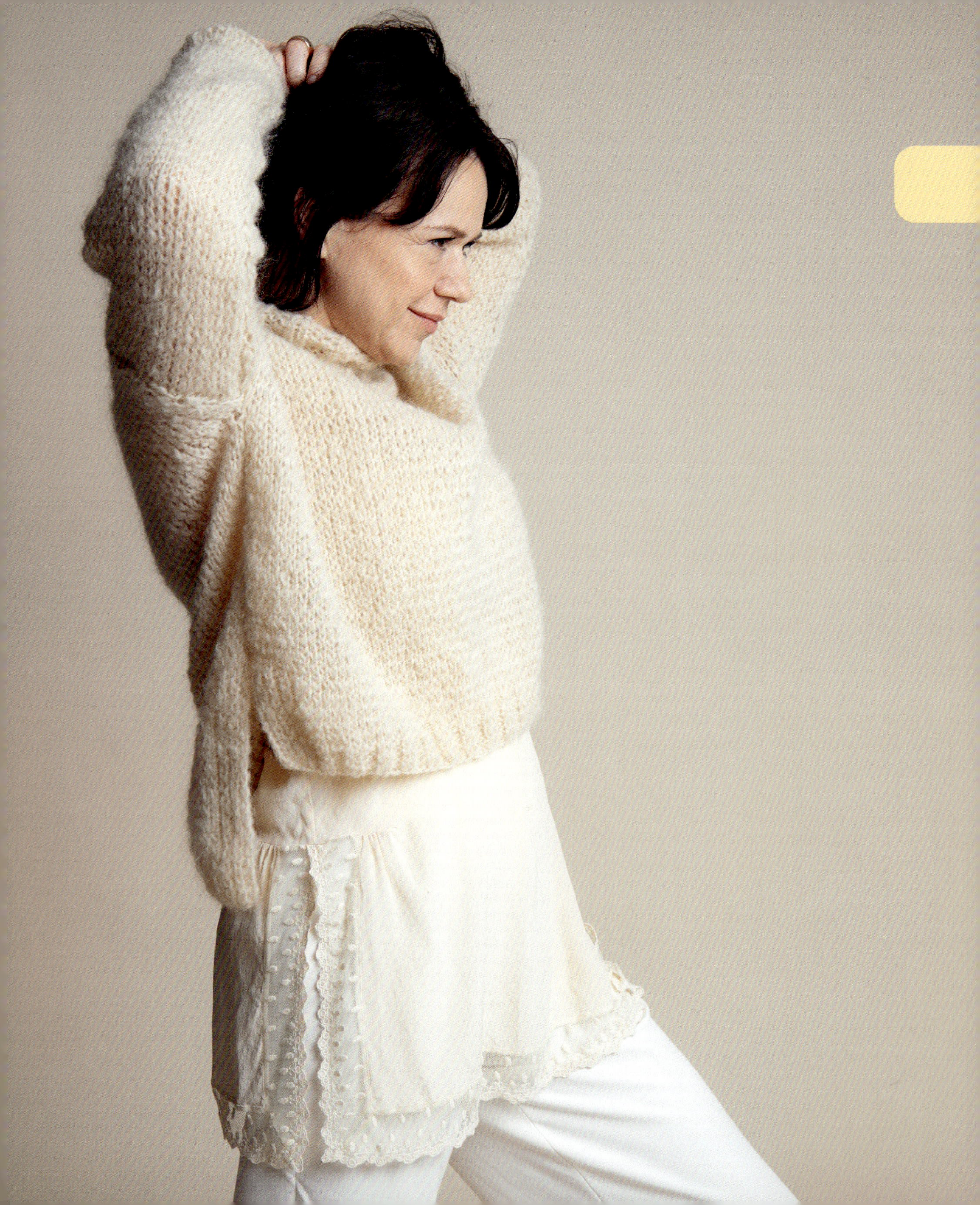

Sobald ich die Nadeln hingelegt habe, haben sie es untersucht oder es sich darauf gemütlich gemacht", beschreibt Grit die Reaktion ihrer Haustiere.

Meistens hat die Verlagsmitarbeiterin zuhause gestrickt, auf der Couch oder auf dem Balkon. Sie hat aber auch andere Orte dafür entdeckt: „Ich bin viel im Wald unterwegs. Ich gehe gern raus und genieße die Ruhe. Meist nehme ich mir eine Decke oder ein Kissen mit, suche mir ein schönes Plätzchen aus und lausche der Stille, oder freue mich über Eichelhäher, Füchse, Rehe oder sogar mal einen Dachs, die ich zu Gesicht bekomme. Tatsächlich habe ich im Wald gestrickt. Das passt sehr gut zusammen: Stricken ist meditativ, dabei kann ich wunderbar abschalten, und die friedliche Stimmung in der Natur unterstützt das noch zusätzlich."

Grits Tipp für den perfekten Ort zum Stricken ist daher nicht verwunderlich: eine Lichtung im Wald.

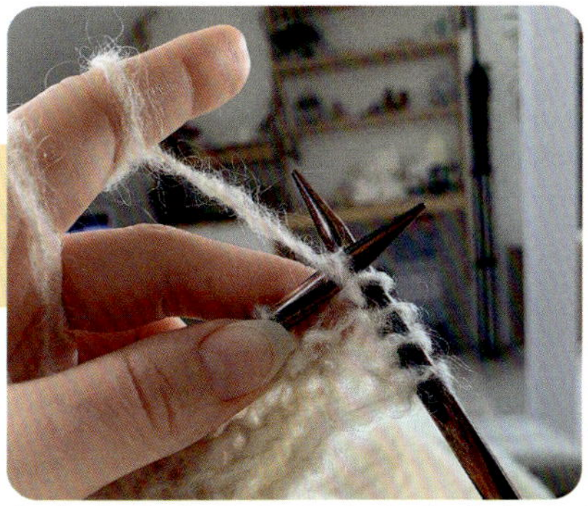

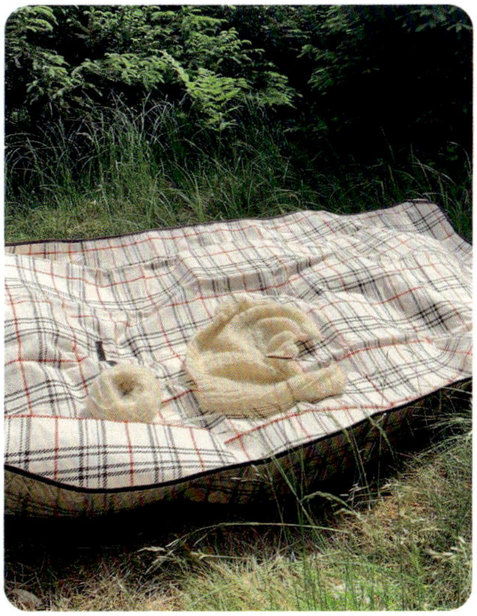

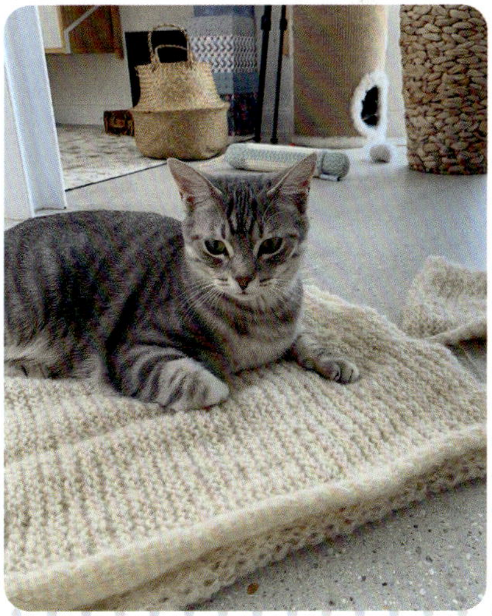

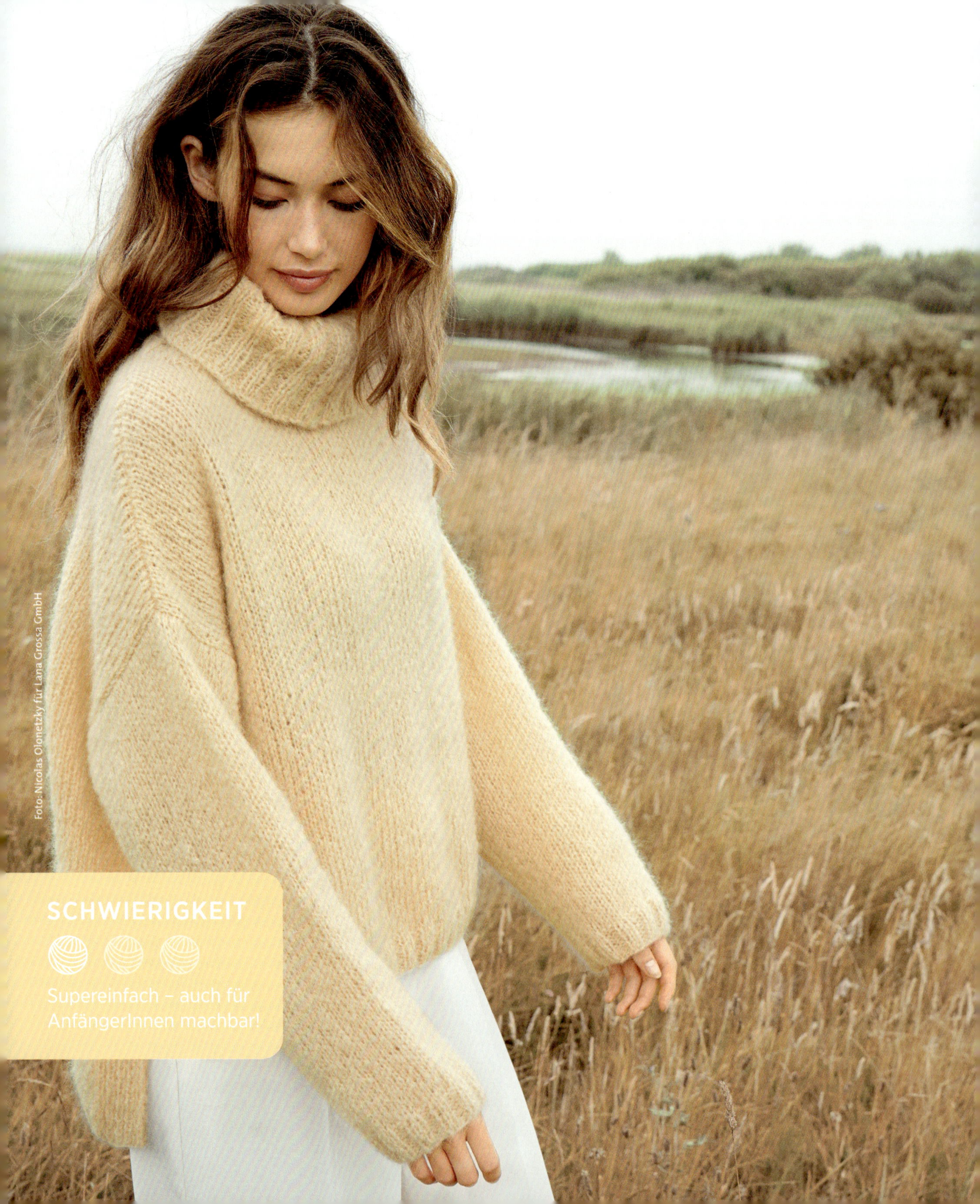

Foto: Nicolas Olonetzky für Lana Grossa GmbH

SCHWIERIGKEIT

Supereinfach – auch für AnfängerInnen machbar!

Pulli mit Rollkragen
in Beige

GRÖßE

36/38 (40/42 – 44/46 – 48/50)
Die Angaben für Größe 40/42, 44/46 und 48/50 stehen in Klammern nacheinander, jeweils getrennt durch einen Gedankenstrich. Steht nur eine Angabe, so gilt sie für alle vier Größen.

MATERIAL

Lana Grossa **„Lala Berlin Brushy“** (42% Mohair (Superkid), 38% Schurwolle (Merino), 20% Polyamid; Lauflänge ca. 135 m/50 g):
350 (400 – 450 – 500) g Beige **(Farbe 7)**.
Grit hat die Originalfarbe verwendet, du kannst dir aber aus 12 aktuellen Farbtönen deinen Favoriten aussuchen.
Stricknadeln Nr. 5 und 6 sowie 1 Rundstricknadel Nr. 5 in 50 cm Länge

MUSTER

Kettenrand
Die 1. Masche jeder Reihe rechts stricken. Die letzte Masche jeder Reihe wie zum Linksstricken abheben, dabei den Faden vor der Masche weiterführen.
Hinweis: Alle Ränder mit Kettenrand arbeiten!

Rippenmuster A
1 Masche rechts, 1 Masche links im Wechsel stricken.

Rippenmuster B
2 Maschen rechts, 2 Maschen links im Wechsel stricken.

Glatt rechts
In Hinreihen rechte Maschen, in Rückreihen linke Maschen stricken.

MASCHENPROBE

Glatt rechts mit Nadeln Nr. 6 gestrickt:
14 Maschen und 22 Reihen = 10 x 10 cm.
Hinweis: Das Rückenteil ist insgesamt 11 cm länger als das Vorderteil, siehe grau unterlegte Fläche im Schnittschema.

SO WIRD'S GEMACHT

Rückenteil

1. 84 (88 – 92 – 96) Maschen mit Nadeln Nr. 5 anschlagen. Für den Bund mit Schlitzblenden 4 cm = 9 Reihen in folgender Einteilung stricken, dabei mit 1 Rückreihe beginnen: Randmasche, 6 Maschen Rippenmuster A mit 1 Masche links beginnen und 1 Masche rechts enden, 70 (74 – 78 – 82) Maschen Rippenmuster B, dabei mit 2 Maschen links beginnen und enden, 6 Maschen Rippenmuster A mit 1 Masche rechts beginnen und 1 Masche links enden, Randmasche. In den folgenden Reihen die Maschen stricken, wie sie erscheinen.

2. Mit Nadeln Nr. 6 über dem Rippenmuster B glatt rechts weiterstricken und die Ränder für die Schlitzblenden über je 7 Maschen wie bisher fortsetzen.

3. Nach 20 cm = 44 Reihen ab Bund die Schlitzblenden beenden und zwischen den Randmaschen über alle Maschen glatt rechts weiterarbeiten.

4. Nach 20 cm = 44 Reihen ab Ende der Schlitzblenden beidseitig den Beginn der Armausschnitte markieren und gerade weiterstricken.

5. In 21 (22 – 23 – 24) cm = 46 (48 – 50 – 52) Reihen Armausschnitthöhe für die Schulterschrägungen beidseitig 1 x 7 (6 – 8 – 7) Maschen abketten, dann in jeder 2. Reihe noch 3 x je 6 (7 – 7 – 8) Maschen abketten.

6. In der folgenden Reihe die restlichen 34 Maschen für den geraden Halsausschnittrand abketten.

Vorderteil

7. Punkte 1 und 2 wie beim Rückenteil arbeiten.

8. Bereits nach nur 9 cm = 20 Reihen ab Bund die Schlitzblenden beenden und zwischen den Randmaschen über alle Maschen glatt rechts weiterarbeiten.

9. Wie Punkt 4 beim Rückenteil.

10. Wie Punkt 5 beim Rückenteil.

11. Gleichzeitig für den Halsausschnitt nach 1 cm = 2 Reihen ab Beginn der Schulterschrägungen die mittleren 14 Maschen abketten und beide Seiten getrennt weiterstricken. Für die Rundung am inneren Rand in jeder 2. Reihe noch 2 x je 5 Maschen abketten. Nach den letzten Schulterabnahmen sind alle Maschen aufgebraucht.

Ärmel

12. 36 (38 – 42 – 44) Maschen mit Nadeln Nr. 5 anschlagen. Für den Bund 4 cm = 9 Reihen Rippenmuster B stricken, dabei mit 1 Rückreihe und nach der Randmasche mit 2 (1 – 1 – 2) Maschen rechts beginnen, am Reihenende vor der Randmasche mit 2 (1 – 1 – 2) Maschen rechts enden.

13. Mit Nadeln Nr. 6 zwischen den Randmaschen glatt rechts weiterarbeiten.

14. Für die Ärmelschrägungen beidseitig in der 7. Reihe ab Bund 1 x 1 Masche zunehmen, dann in jeder 6. Reihe noch 12 x je 1 Masche zunehmen, dazu am Reihenanfang nach der Randmasche und am Reihenende vor der Randmasche je 1 Masche rechts verschränkt aus dem Querfaden herausstricken = 62 (64 – 68 – 70) Maschen.

15. Nach 41 cm = 90 Reihen ab Bund alle Maschen locker abketten.

16. Den 2. Ärmel ebenso arbeiten.

FERTIGSTELLEN

17. Schulter- und Ärmelnähte schließen.

18. Für den Rollkragen 88 Maschen mit der Rundstricknadel Nr. 5 aus dem Ausschnittrand auffassen. In Runden 22 cm im Rippenmuster B stricken, dann alle Maschen locker abketten.

19. Die Seitennähte jeweils ab Schlitzende bis zur Markierung schließen, dabei darauf achten, dass das Rückenteil 11 cm länger ist.

20. Ärmel einsetzen.

21. Alle Fäden vernähen.

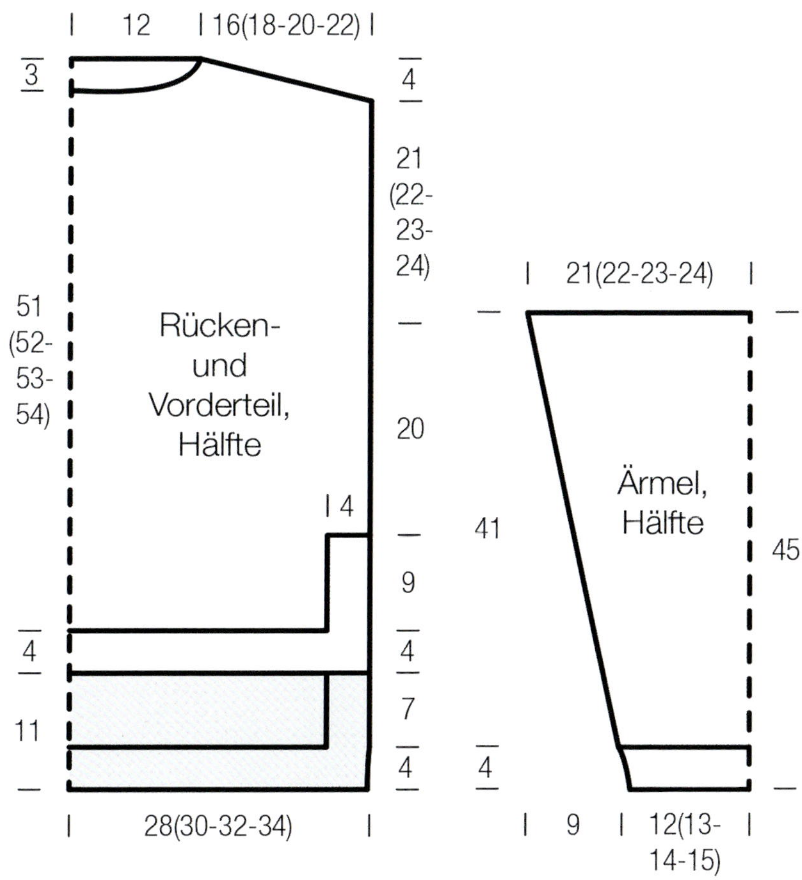

Die Strick-Netzwerkerin

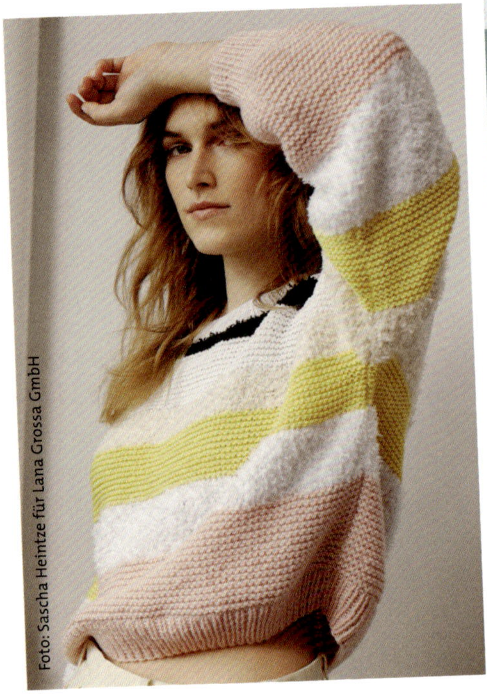

Lena hat diesen Sweater zu ihrem Projekt gemacht

Lena strickt sozial, zusammen mit anderen, im Austausch und in der Gemeinschaft. Das fängt schon damit an, wie sie zu ihrem Modell kam: „Über meine Kolleginnen! Ich dachte erst, so ein Pullover ist nichts für eine Anfängerin, aber sie haben mich vom Gegenteil überzeugt!", erklärt sie.

Den Einstieg ins Maschenhobby hat sie ebenfalls mit liebevoller Unterstützung gemeistert: „Stricken habe ich vor etwa einem Jahr von meiner Mama gelernt. Ich war zu Besuch in der Heimat und habe sie ins Wollgeschäft begleitet. Da habe ich mich in eine graue Merinowolle verliebt und entschied: Heute lerne ich stricken! Mama saß dann den Abend über geduldig neben mir auf dem Sofa und erklärte die Basics für meinen ersten Schal, den ich meinem Patenkind Joseph zum zweiten Geburtstag geschenkt habe", erzählt Lena von ihrem Einstieg.

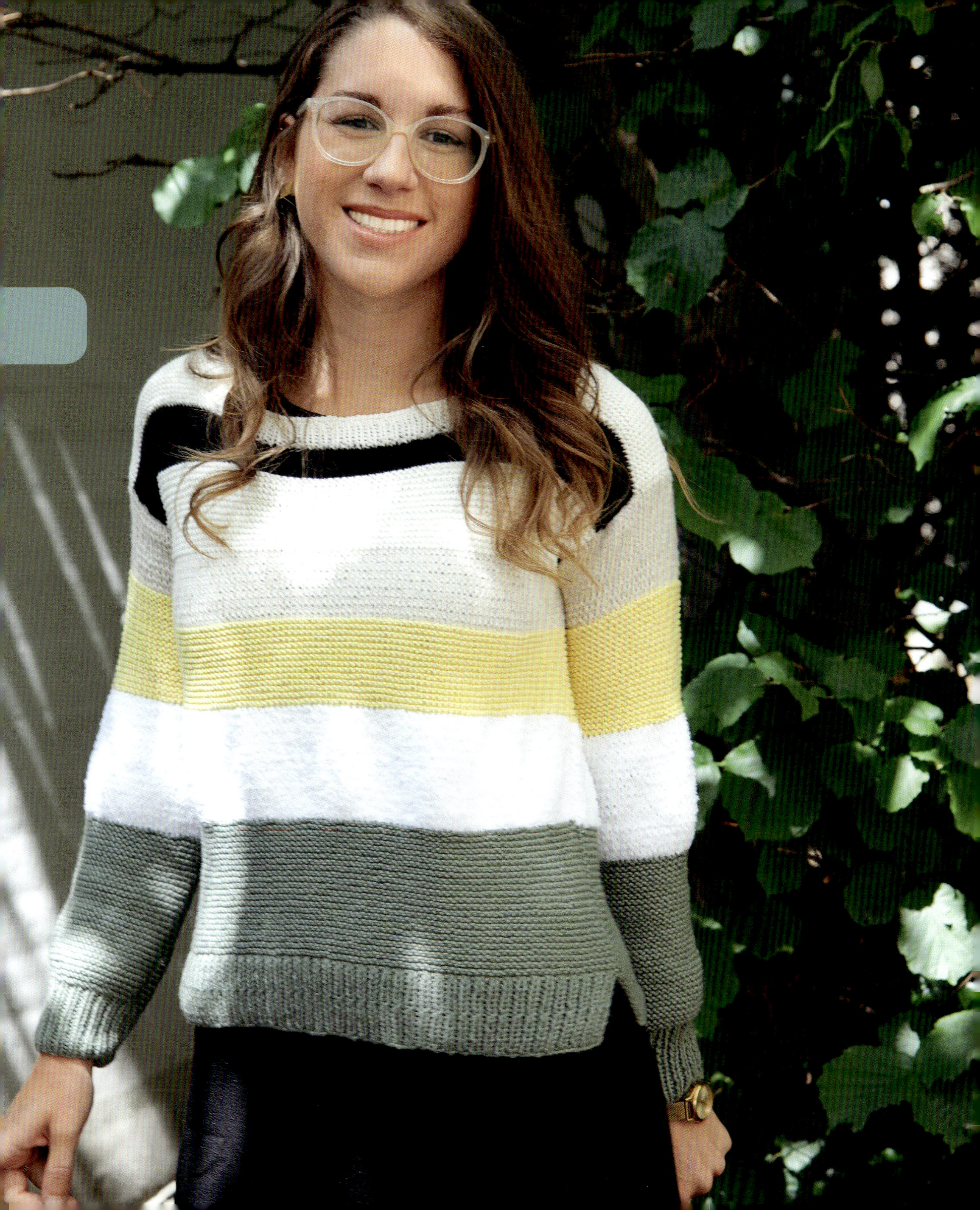

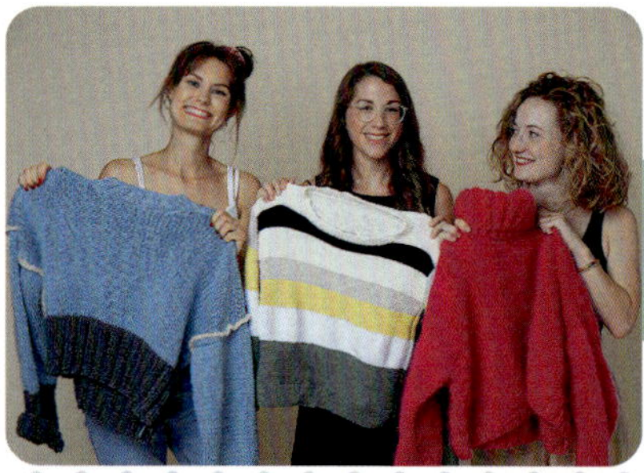

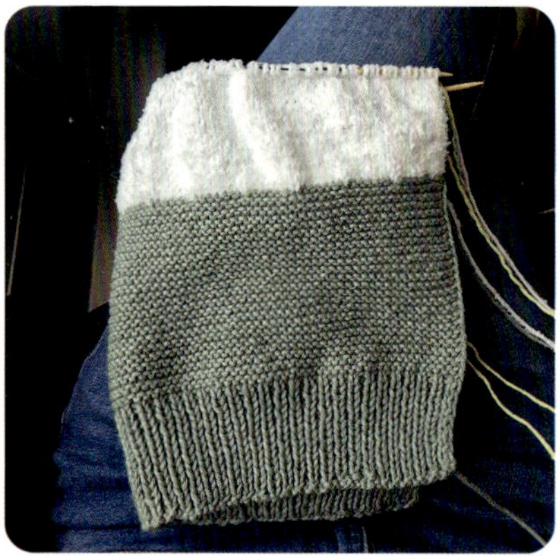

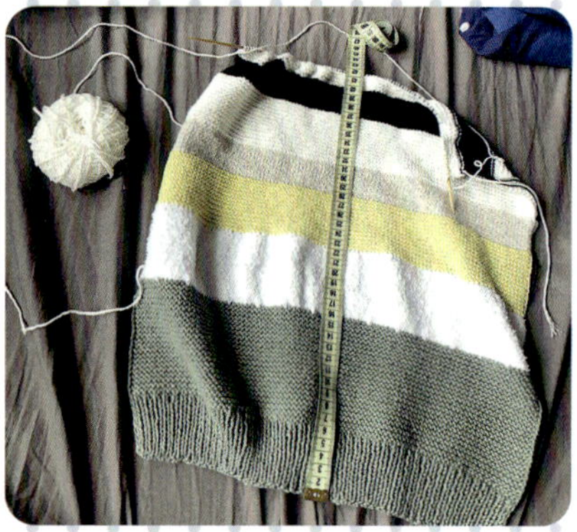

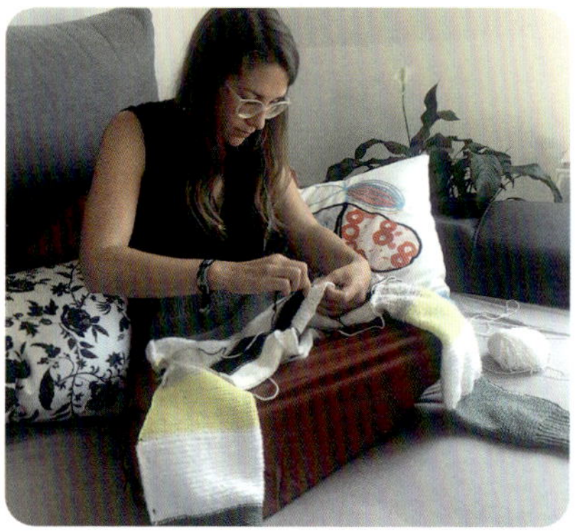

Gemeinschaftlich ging es mit ihrem Comfy Sweater voran: „Es war superschön, zusammen mit Kolleginnen und Freundinnen Teil eines so besonderen Projektes zu sein. Wir haben uns immer auf dem Laufenden gehalten: Wie weit bist du? Hast du das Rückenteil schon fertig? Welche Nadel benutzt du zum Vernähen? Ein paar Stricksessions haben wir auch gemeinsam gemacht."

Auch bei ihrem nächsten Projekt hat sich die Produktmanagerin von ihrem Umfeld inspirieren lassen: „Meine Oma strickt die schönsten und bequemsten Socken, die begleiten mich seit meiner Kindheit. Mein Ziel ist es, genauso tolle Socken zu stricken, wie sie!"

Lenas Mut-Mach-Parole an alle AnfängerInnen: Traut euch!

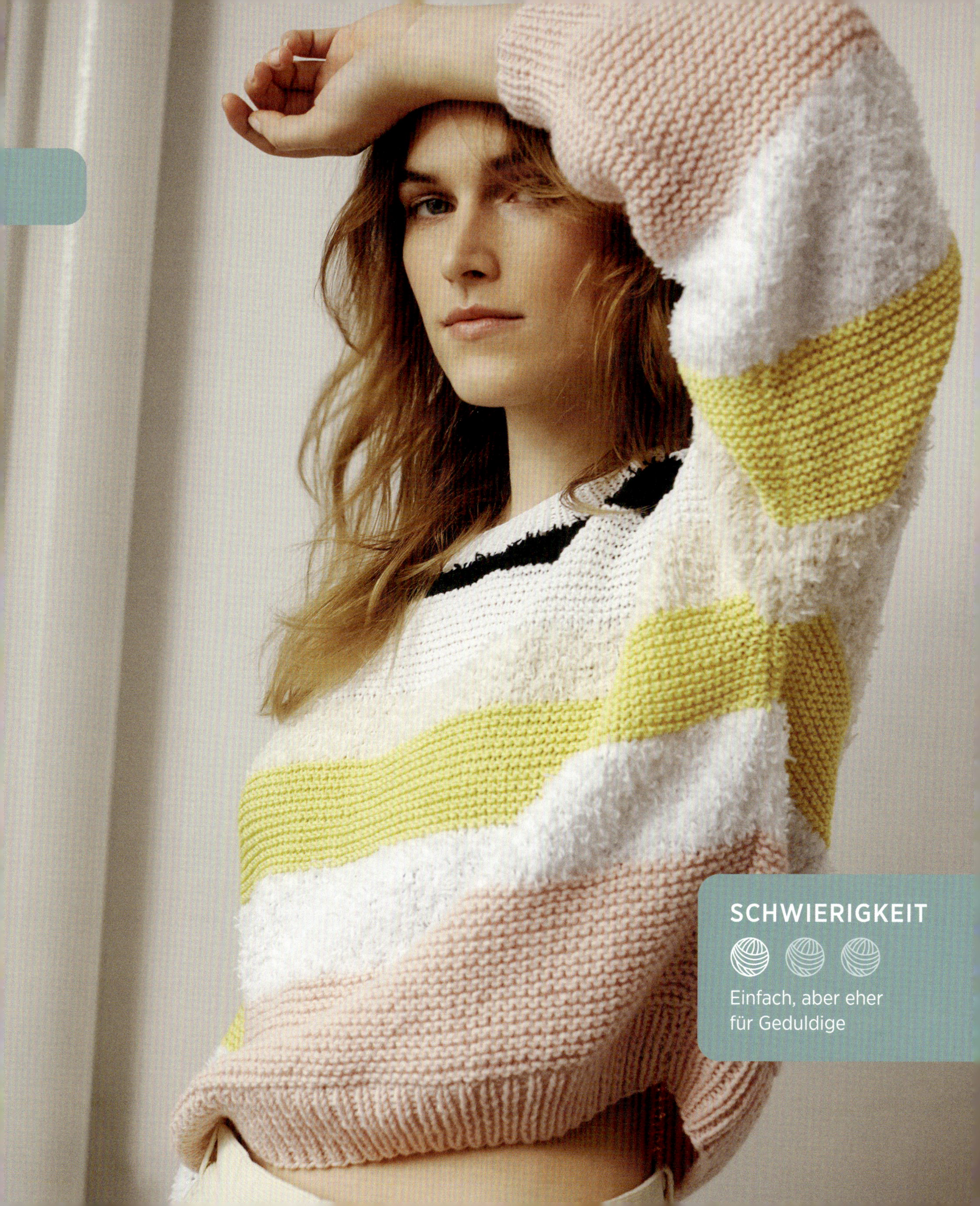

SCHWIERIGKEIT

Einfach, aber eher für Geduldige

Blockstreifenpullover
in Pastelltönen

GRÖẞE

36/38, 40/42 und 44/46

Die Angaben für Größe 36/38 stehen vor der Klammer, die Angaben für Größe 40/42 in der Klammer vor dem Strich, die Angaben für Größe 44/46 in der Klammer nach dem Strich. Bei nur einer Angabe gilt diese für alle 3 Größen.

MATERIAL

Lana Grossa **„Fourseason“** (45% Bio-Schurwolle Merino extrafine, 40% Bio-Baumwolle, 15% recyceltes Kaschmir; Lauflänge 105 m/50 g): **150 g** in Rosa **(= Farbe A)**.

Lana Grossa **„About Berlin Funky“** (83% Baumwolle, 17% Polyamid; Lauflänge 130 m/50 g): **100 g** Weiß **(= Farbe B)**, **50 g** Creme **(= Farbe C)** und **50 g** Schwarz **(= Farbe D)**.

Lana Grossa **„Pima“** (100% Pima Baumwolle; Lauflänge 125 m/50 g): **100 g** Gelb **(Farbe 11 = E)** und **100 g** Weiß **(Farbe 23 = F)**.

Durch die saisonale Anpassung der Kollektionen sind nicht mehr alle Originalgarne bzw. Farben verfügbar, eventuell gibt es im Fachhandel noch Restbestände.

Lena hat sehr gute Alternativen gefunden, die dem Original in nichts nachstehen. Sie hat mit folgenden Garnen und Farben gestrickt:

Lana Grossa **„Fourseason“** (45% Bio-Schurwolle Merino extrafine, 40% Bio-Baumwolle, 15% recyceltes Kaschmir; Lauflänge 105 m/50 g): **150 g** Graugrün **(Farbe 25 = A)**.

Lana Grossa **„Jolie“** (75% Baumwolle, 25% Polyamid; Lauflänge 120 m/50 g): **100 g** Weiß **(Farbe 1 = B)**.

Lana Grossa **„Alta Moda Cotolana“** (45% Schurwolle Merino superwash, 45% Baumwolle, 10% Polyamid; Lauflänge 150 m/50 g): **50 g** Hellbeige **(Farbe 19 = C)**.

Lana Grossa **„Ecopuno“** (72% Baumwolle, 17% Schurwolle Merino, 11% Alpaka; Lauflänge 215 m/50 g): **50 g** Schwarz **(Farbe 16 = D)**.

Lana Grossa **„Pima“** (100% Pima Baumwolle; Lauflänge 125 m/50 g): **100 g** Gelb **(Farbe 11 = E)** und 100 g Weiß **(Farbe 23 = F)**.

Stricknadeln Nr. 3,5 und 4 sowie 1 Rundstricknadel Nr. 3,5 in 40 cm Länge

MUSTER

Rippenmuster

1 Masche rechts und 1 Masche links im Wechsel stricken.

Glatt rechts

In Hinreihen rechte Maschen, in Rückreihen linke Maschen stricken.

Kraus rechts

In Hin- und Rückreihen rechte Maschen stricken.

Randmasche

In Hinreihen die 1. Masche wie zum Rechtsstricken abheben und die letzte Masche rechts stricken. In Rückreihen die 1. Masche wie zum Linksstricken abheben und die letzte Masche links stricken.

MASCHENPROBEN

Mit „Fourseason" und Nadeln Nr. 4 kraus rechts gestrickt: 17 Maschen und 30 Reihen = 10 x 10 cm.
Mit „Pima" und Nadeln Nr. 3,5 kraus rechts gestrickt: 19,5 Maschen und 35 Reihen = 10 x 10 cm.
Im Materialmix mit Nadeln Nr. 3,5 glatt rechts gestrickt: 19,5 Maschen und 26 Reihen = 10 x 10 cm.
Hinweis: Die Qualität „Fourseason" wird mit Nadeln Nr. 4 und alle anderen Qualitäten sowie die Bündchen mit Nadeln Nr. 3,5 gearbeitet.

Farb- und Materialfolge Vorder- und Rückenteil

I: 15 Reihen = 6 cm Rippenmuster mit Farbe A und Nadeln Nr. 3,5.
II: 30 Reihen = 10 cm kraus rechts mit Farbe A und Nadeln Nr. 4.
III: 18 Reihen = 7 cm glatt rechts mit Farbe B und Nadeln Nr. 3,5.
IV: 22 Reihen = 6 cm kraus rechts mit Farbe E und Nadeln Nr. 3,5.
V: 10 Reihen = 4 cm glatt rechts mit Farbe C und Nadeln Nr. 3,5.
VI: 22 Reihen = 6 cm kraus rechts mit Farbe F und Nadeln Nr. 3,5.
VII: 10 Reihen = 4 cm glatt rechts mit Farbe D und Nadeln Nr. 3,5.
VIII: 22 Reihen = 6 cm kraus rechts mit Farbe F und Nadeln Nr. 3,5.

Farb- und Materialfolge Ärmel

IX: 19 Reihen = 7 cm Rippenmuster mit Farbe A und Nadeln Nr. 4.
X: 38 Reihen = 13 cm kraus rechts mit Farbe A und Nadeln Nr. 4.
XI: 26 Reihen = 10 cm glatt rechts mit Farbe B und Nadeln Nr. 3,5.
XII: 30 Reihen = 9 cm kraus rechts mit Farbe E und Nadeln Nr. 3,5.
XIII: 16 Reihen = 6 cm glatt rechts mit Farbe C und Nadeln Nr. 3,5.

SO WIRD'S GEMACHT

Rückenteil

1. 96 (103 – 110) Maschen mit Nadeln Nr. 3,5 und Farbe A anschlagen. 15 Reihen = 6 cm im Rippenmuster stricken, dabei mit einer Rückreihe beginnen.

2. Zu Nadeln Nr. 4 wechseln und laut Farb- und Materialfolge des Rückenteils weiterarbeiten, dabei die Nadelstärken beachten.

3. Nach Streifen II zu Nadeln Nr. 3,5 und Farbe B wechseln und in der 1. Reihe 16 (17 – 18) Maschen zunehmen, dazu nach der 3. (4. – 5.) Masche und 15 x (16 x – 17 x) nach jeder 6. Masche je 1 Masche rechts verschränkt aus dem Querfaden herausstricken = 112 (120 – 128) Maschen.

4. Weiter nach der Farb- und Materialfolge stricken.

5. In 27 (26 – 25) cm Gesamthöhe beidseitig die Armausschnitte markieren.

6. In 46 cm Gesamthöhe – nach 6 Reihen von Streifen VIII – die Schulterschrägungen beginnen. Dafür beidseitig 1 x 6 Maschen abketten, dann in jeder 2. Reihe 7 x je 4 Maschen (4 x je 5 und 3 x je 4 Maschen – 1 x 6 und 6 x je 5 Maschen) abketten.

7. In der folgenden Reihe die verbleibenden 44 Maschen für den Halsausschnitt abketten.

Vorderteil

8. Punkte 1–5 wie beim Rückenteil arbeiten.

9. Nach 41 cm Gesamthöhe für den vorderen Halsausschnitt – nach 6 Reihen von Streifen VII – die mittleren 18 Maschen abketten und beide Seiten über je 47 (51 – 55) Maschen getrennt beenden.

10. Für die Rundung am inneren Rand in jeder 2. Reihe 1 x 3, 2 x je 2, 3 x je 1 Masche und in jeder 4. Reihe noch 3 x je 1 Masche abketten.

11. Gleichzeitig nach 46 cm Gesamthöhe die Schulterschrägung am äußeren Rand wie beim Rückenteil unter Punkt 6 arbeiten.

12. In gleicher Höhe wie beim Rückenteil sind alle Maschen aufgebraucht.

Ärmel

13. 42 (44 – 46) Maschen mit Nadeln Nr. 3,5 und Farbe A anschlagen. 19 Reihen = 7 cm im Rippenmuster stricken.

14. Zu Nadeln Nr. 4 wechseln und laut Farb- und Materialfolge des Ärmels weiterarbeiten, dabei in der 1. Hinreihe 20 (22 – 24) Maschen zunehmen, dazu 20 x nach jeder 2. Masche (1 x nach der 1. Masche und 21 x nach jeder folgenden 2. Masche – 22 x nach jeder 2. Masche) je 1 Masche rechts verschränkt herausstricken und für die 3. Größe zusätzlich aus jeder Randmasche 1 Masche rechts und 1 Masche rechts verschränkt herausstricken = 62 (66 – 70) Maschen.

15. Nach Streifen X zu Nadeln Nr. 3,5 und Farbe B wechseln und in der 1. Reihe 12 Maschen zunehmen, dazu 1 x nach der 3. (6. – 8.) Masche und 11 x nach jeder folgenden 5. Masche je 1 Masche rechts verschränkt aus dem Querfaden herausstricken = 74 (78 – 82) Maschen.

16. In 45 cm Gesamthöhe alle Maschen abketten.

17. Den 2. Ärmel ebenso arbeiten.

FERTIGSTELLEN

18. Schulternähte schließen.
19. Für die Halsblende 114 Maschen mit der Rundstricknadel Nr. 3,5 und Farbe F aus dem Ausschnittrand auffassen. In Runden 4 cm im Rippenmuster stricken, dann alle Maschen locker abketten.
20. Die Ärmel zwischen den Markierungen annähen. Seiten- und Ärmelnähte in einem Arbeitsgang schließen.
21. Alle Fäden vernähen.

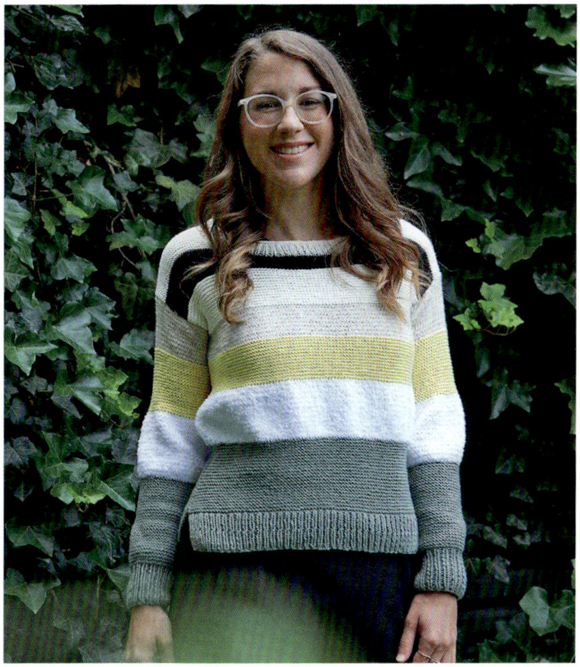

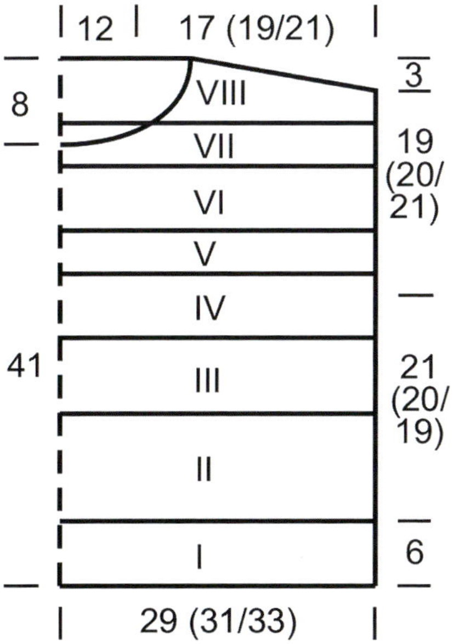

½ Rückenteil
½ Vorderteil

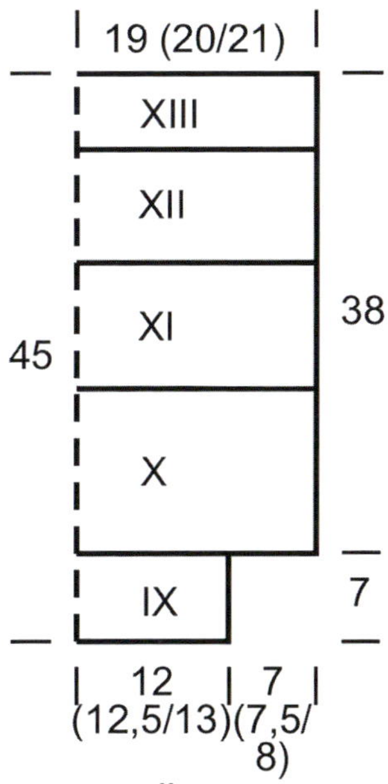

½ Ärmel

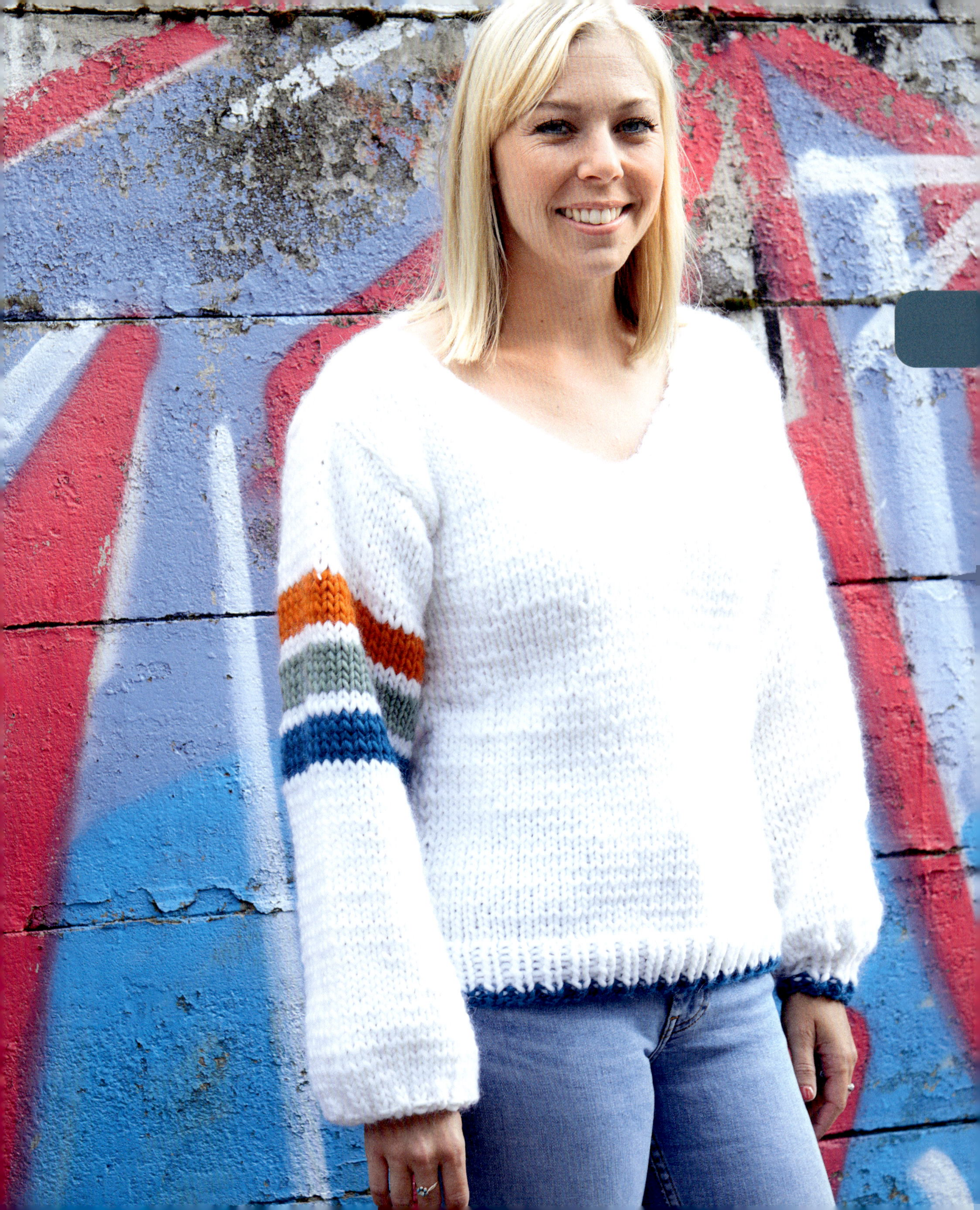

Die Strick-Enkelin

Bei Isabella liegt das Stricken in der Familie: „Für meine Oma war es die größte Freude, mich stricken zu lehren. Sie war früher Handarbeitslehrerin. Wir alle lieben ihre selbstgestrickten Socken, es gibt nichts Besseres im Winter für warme Füße. Damit ihr Wissen nicht verlorengeht, habe ich es mir von ihr zeigen lassen“, berichtet sie von ihren familiären Verstrickungen.

Trotzdem sagt die Contentmanagerin in einem Verlag: „ Ich bin absoluter Neuling im Stricken und bis auf Omas Sockenanleitung hatte ich bisher keine Berührungspunkte damit.“ Aber dann hat sie sich in ihren Comfy Sweater verliebt: „Der Pulli hat mir auf den ersten Blick gefallen. Eigentlich ganz schlicht, aber durch die Farbakzente trotzdem ein Hingucker. Lässig und locker in der Art, einfach anziehen und sich wohlfühlen!“ Also nahm sie ihren ersten Pullover auf die Nadeln.

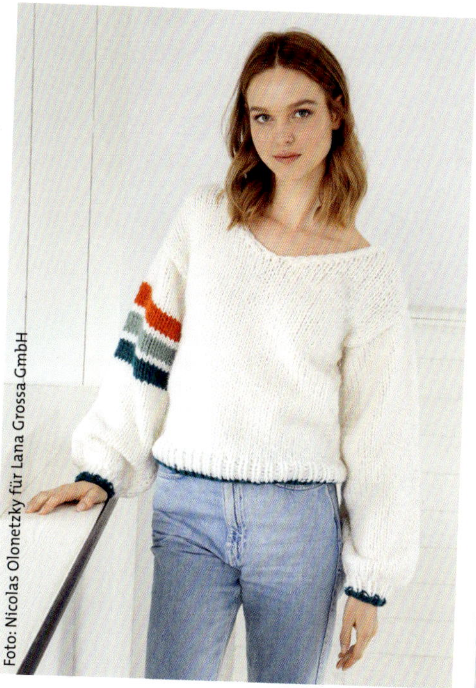

Foto: Nicolas Olonetzky für Lana Grossa GmbH

Isabella hat sich für diesen Sweater entschieden

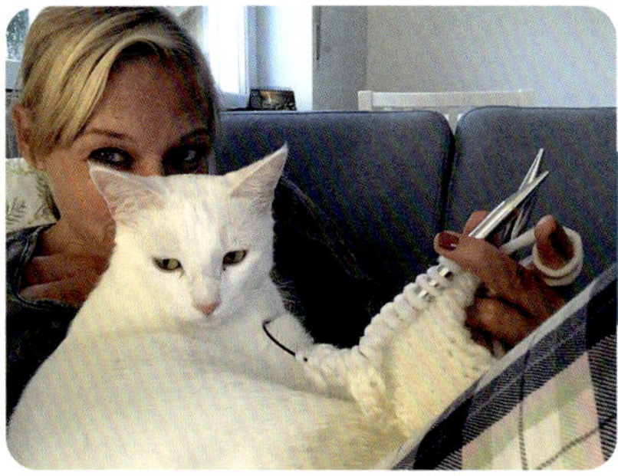

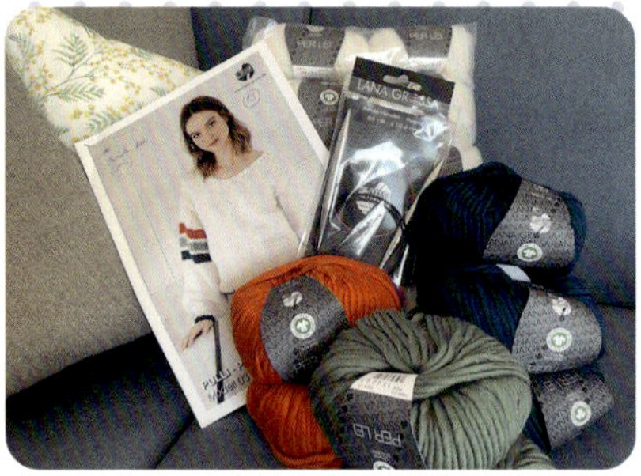

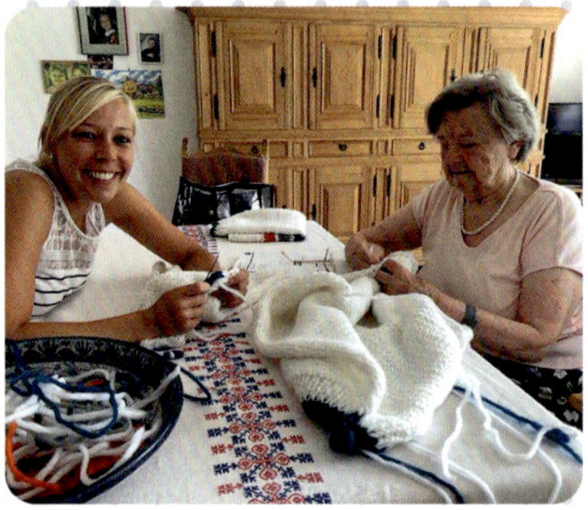

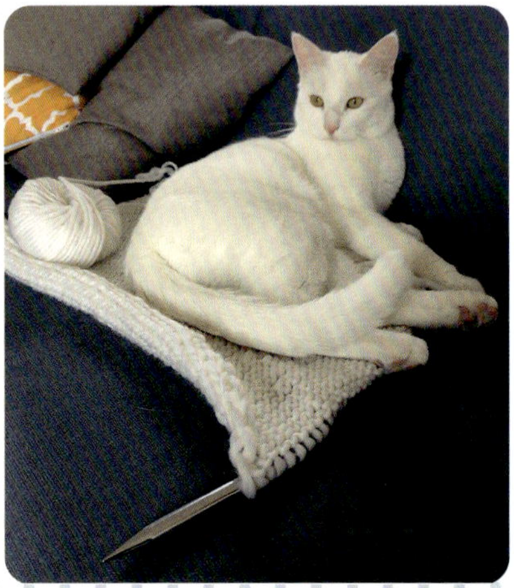

„Wirklich einfach bei dem Pulli ist, dass man eigentlich nur rechts und links hin- und herstrickt. Am meisten hat mich der V-Ausschnitt gefordert, aber auch den habe ich dank der Anleitung gut hinbekommen. Das Stricken hat mir insgesamt viel Spaß gemacht. Vor schwierigen Stellen hatte ich ein bisschen Bauchkribbeln, ob alles gutgeht. Aber diese kleinen Herausforderungen zu meistern, war auch immer ein Highlight“, erzählt sie von ihren Erfahrungen.

Ganz zum Schluss hat sich die passionierte Reiterin dann doch nochmal auf ihre Strickwurzeln besonnen: „Mein Pullover ist sogar viel besser geworden, als ich es mir vorgestellt habe. Ich war mir nicht sicher, ob ich es hinkriege, aber es hat alles geklappt und ich habe es allein gestrickt – darauf bin ich besonders stolz. Nur beim Zusammennähen der Einzelteile hat dann meine Oma geholfen.“

Isabellas Resümee: Übung macht den oder die MeisterIn! Vielleicht stricke ich gleich noch einen Pulli in einer anderen Farbe!

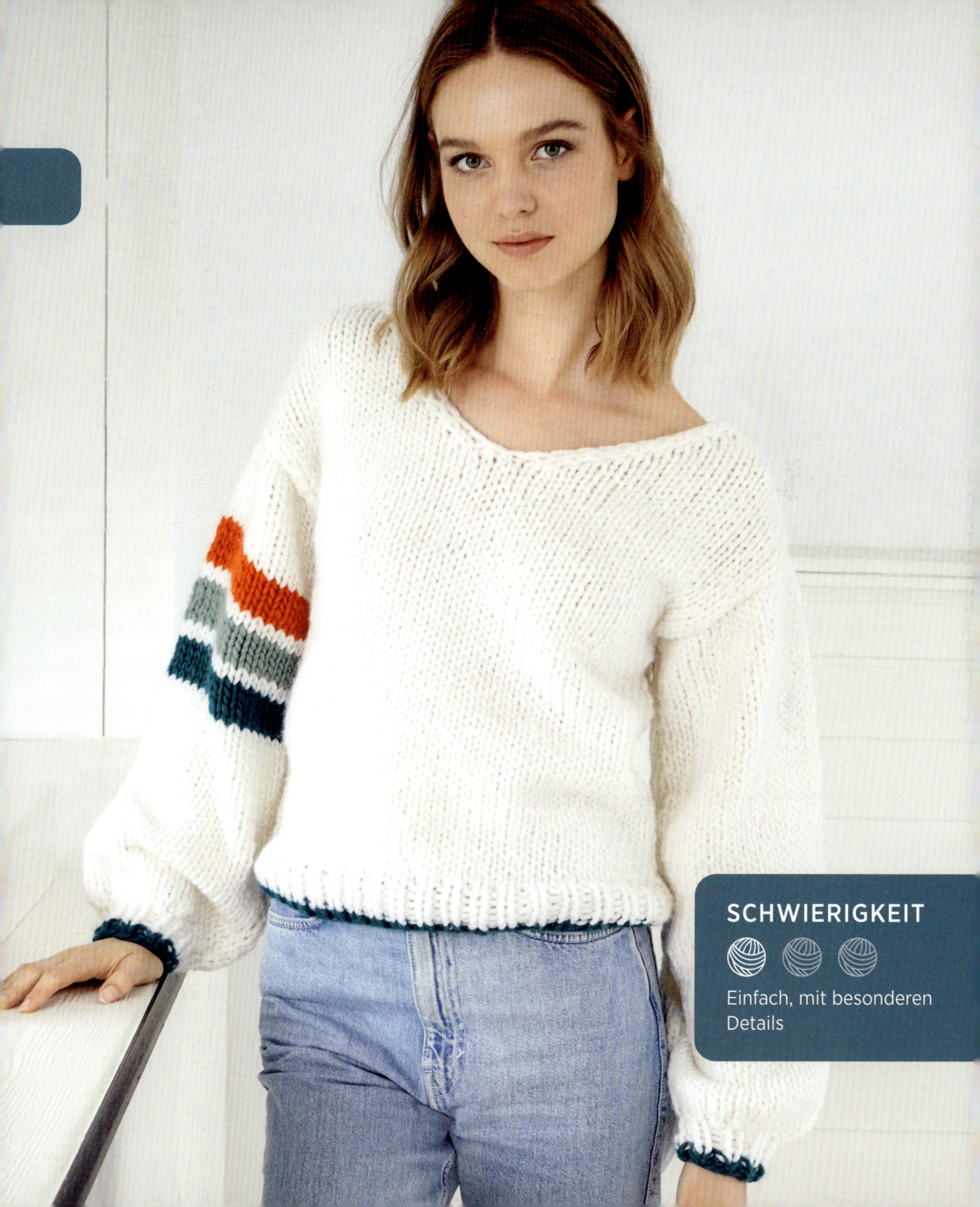

SCHWIERIGKEIT

Einfach, mit besonderen Details

V-Ausschnittpulli mit Streifen am Ärmel

GRÖßE

36/38 (40/42 – 44/46)
Die Angabe 36/38 stehen vor der Klammer, die Angaben für Größe 40/42 in der Klammer vor dem Strich, die Angaben für Größe 44/46 in der Klammer nach dem Strich. Bei nur einer Angabe gilt diese für alle 3 Größen.

MATERIAL

Lana Grossa **„Per Lei“** (100% Schurwolle (Merino); Lauflänge ca. 60 m/50 g):
450 (500 – 550) g Weiß **(Farbe 12)**,
100 (100 – 150) g Petrol **(Farbe 24)**, **50 g** Mint **(Farbe 4)** und **50 g** Orange **(Farbe 17)**.
Isabella hat die Originalfarben verwendet, du kannst dir aber aus 37 aktuellen Farbtönen deine Lieblingsfarbkombination zusammenstellen.
Stricknadeln und Rundstricknadel Nr. 10 in 60 cm Länge

MUSTER

Rippenmuster
1 Masche links und 1 Masche rechts im Wechsel stricken.

Glatt rechts
In Hinreihen rechte Maschen, in Rückreihen linke Maschen stricken.

Kordelrand
Die letzte Masche der rechten Nadel auf die linke Nadel legen und noch 2 Maschen zusätzlich auf der linke Nadel aufstricken. * 2 Maschen rechts stricken, 1 Masche wie zum Rechtsstricken abheben, die folgende Masche rechts stricken und nun die abgehobene Masche über die gestrickte Masche ziehen, dann die 3 Maschen zurück auf die linke Nadel heben, ab * 19 x wiederholen, dann die letzten 3 Maschen zurück auf die linke Nadel heben und rechts verschränkt zusammenstricken.

Doppelte Randmasche
Am Reihenanfang die 1. Masche wie zum Linksstricken abheben mit Faden vor der Masche und die 2. Masche rechts stricken; am Reihenende die vorletzte Masche wie zum Linksstricken abheben mit Faden vor der Masche und die letzte Masche rechts stricken.

Betonte Abnahmen
Am Reihenanfang nach der doppelten Randmasche 2 Maschen überzogen zusammenstricken (= 1 Masche wie zum Rechtsstricken abheben, die folgende Masche rechts stricken, dann die abgehobene Masche darüberziehen); am Reihenende vor der doppelten Randmasche 2 Maschen rechts zusammenstricken (Lehrgang Seite 101).

MASCHENPROBE

Glatt rechts mit Nadeln Nr. 10 gestrickt:
9,5 Maschen und 13 Reihen = 10 x 10 cm.
Hinweis: Den rechten Ärmel am besten mit einer Rundstricknadel stricken, dann muss der Faden der Grundfarbe nach den 5 Reihen in der Schmuckfarbe nicht neu angesetzt werden, sondern die Maschen können einfach an das andere Ende der Rundstricknadel geschoben werden, wo der Faden hängt.

SO WIRD'S GEMACHT

Rückenteil
1. 46 (50 – 54) Maschen mit Nadeln Nr. 10 in Petrol anschlagen und im Rippenmuster 1 Reihe stricken.
2. Weiter in Weiß im Rippenmuster bis zu 6 cm Bundhöhe ab Anschlag stricken.
3. Glatt rechts weiterstricken.
4. Nach 58 cm Gesamthöhe die Maschen in der nächsten Hinreihe wie folgt abketten: die ersten 13 (15 – 17) Maschen für die rechte Schulter abketten, für den Halsausschnitt die folgenden 20 Maschen mit Kordelrand abketten, dann die restlichen 13 (15 – 17) Maschen für die linke Schulter abketten.

Vorderteil
5. Punkte 1–3 wie beim Rückenteil arbeiten.
6. Für den V-Ausschnitt bereits nach 41 cm Gesamthöhe die Arbeit in der Mitte teilen und beide Seiten getrennt beenden. Dazu in der folgenden Hinreihe 22 (24 – 26) Maschen stricken, die folgenden beiden Maschen miteinander verkreuzen, dafür die zweite Masche der linken Nadel rechts stricken und über die erste Masche ziehen, die Arbeit wenden und über 23 (25 – 27) Maschen zunächst die linke Schulter fortsetzen.
7. Glatt rechts weiterstricken, dabei die ersten beiden Maschen am Teilungsrand als doppelte Randmasche arbeiten.
8. Gleichzeitig in der folgenden Hinreihe für die Ausschnittschrägung am Ausschnittrand 1 x 1 Masche betont abnehmen. Diese Abnahme noch 9 x in jeder 2. Reihe wiederholen.
9. Nach 58 cm Gesamthöhe die restlichen 13 (15 – 17) Schultermaschen abketten.
10. Die andere Seite gegengleich arbeiten, dafür mit einer Hinreihe am Ausschnitt beginnen und Punkte 7 – 9 wiederholen.

Linker Ärmel
11. 22 (24 – 26) Maschen mit Nadeln Nr. 10 in Petrol anschlagen und im Rippenmuster 1 Reihe stricken.
12. Weiter in Weiß im Rippenmuster bis zu 6 cm Bundhöhe ab Anschlag stricken.
13. Glatt rechts weiterstricken, dabei in der 1. Reihe alle Maschen verdoppeln, dazu aus jeder Masche 1 Masche rechts und 1 Masche links herausstricken = 44 (48 – 52) Maschen.
14. Nach 52 cm Gesamthöhe alle Maschen abketten.

Rechter Ärmel

15. Punkte 11 – 13 wie beim linken Ärmel arbeiten, jedoch mit Streifen.

16. Bereits nach 30 cm Gesamthöhe 5 Reihen in Petrol, 2 Reihen in Weiß, 5 Reihen in Mint, 2 Reihen in Weiß und 5 Reihen in Orange stricken, dann in Weiß beenden.

17. Nach 52 cm Gesamthöhe alle Maschen abketten.

FERTIGSTELLEN

18. Die Schulter-, Seiten- und Ärmelnähte schließen.

19. Die Ärmel eingehalten einnähen, dazu den Ärmel zunächst am Armausschnitt anheften und dabei die Mehrweite gleichmäßig verteilen, so dass der Ärmel später locker fällt.

20. Alle Fäden vernähen.

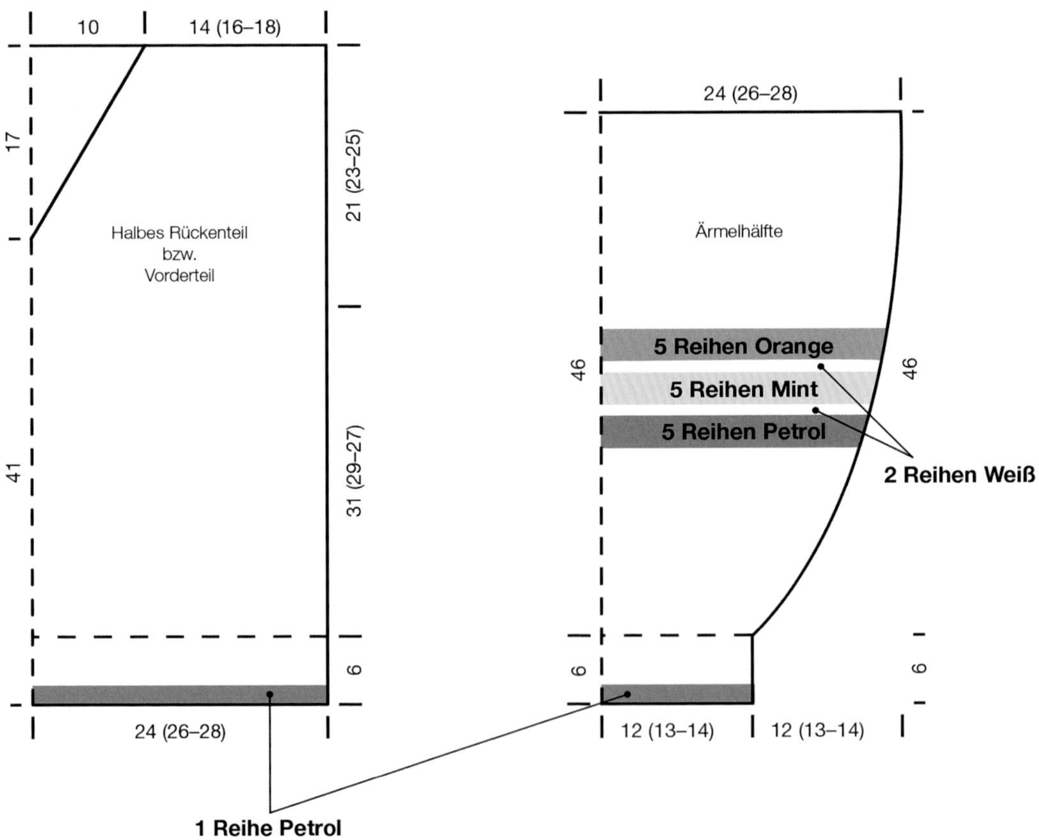

Betonte Zu- und Abnahmen

Betonte Zunahmen
Eine Masche rechts verschränkt aus dem Querfaden zunehmen:

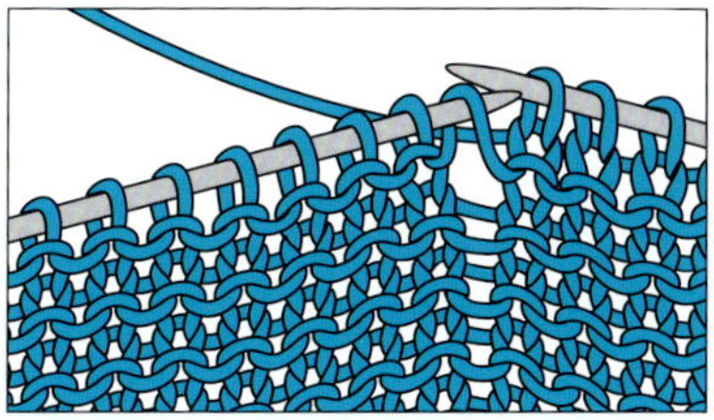

1. Der Arbeitsfaden liegt hinten. Mit der linken Nadel von vorn nach hinten unter dem Querfaden zwischen 2 Maschen einstechen, sodass der Querfaden auf der Nadelspitze liegt.

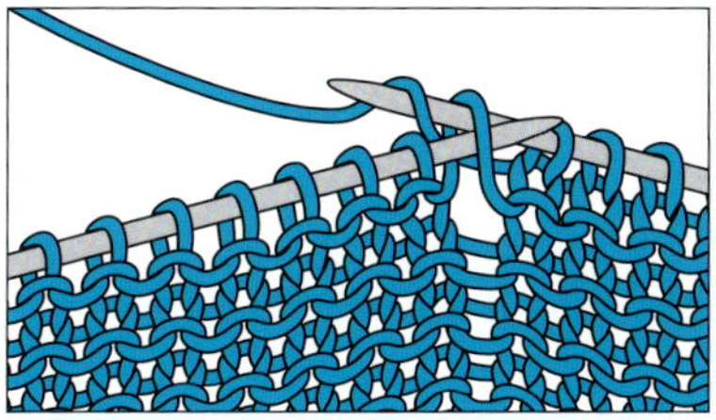

2. Mit der rechten Nadel hinter der Arbeit von rechts nach links in die Schlinge des Querfadens einstechen, sodass sie sich verdreht, und den Arbeitsfaden um die Nadel legen.

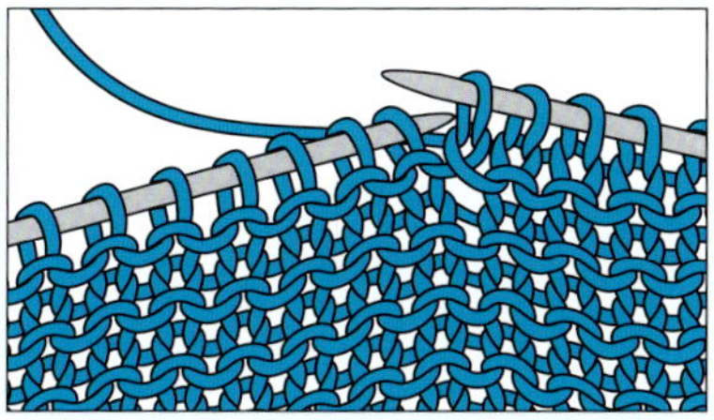

3. Den Arbeitsfaden nach vorn durchholen und anschließend den Querfaden von der linken Nadel gleiten lassen. So entsteht eine zusätzliche rechte Masche.

Betonte Abnahmen – am Reihenanfang
Zwei Maschen überzogen zusammenstricken:

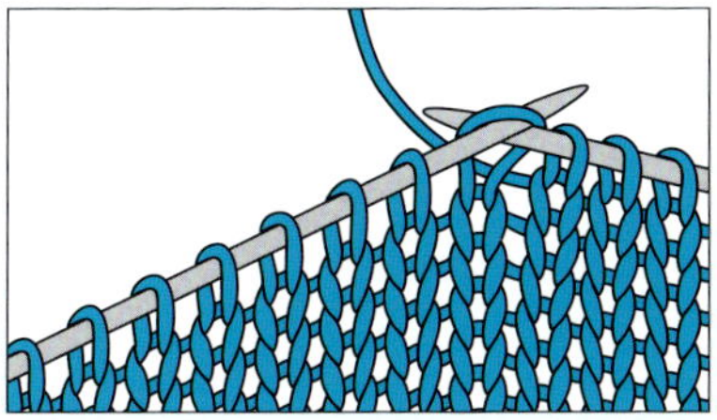

1. Eine Masche wie zum Rechtsstricken abheben.

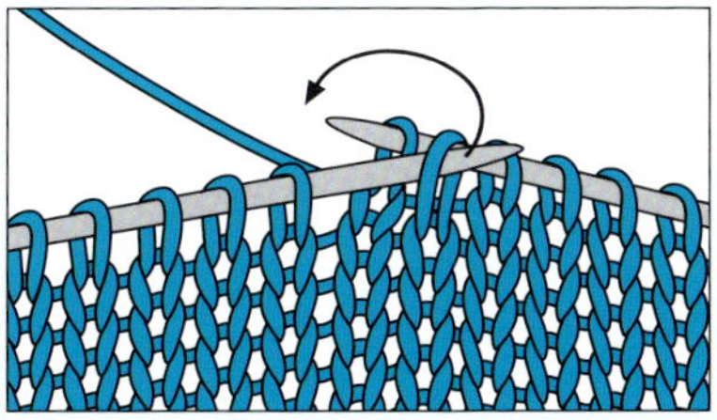

2. Die folgende Masche rechts stricken.

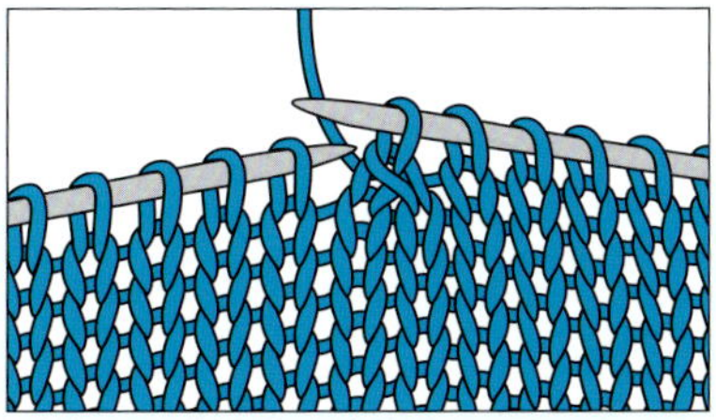

3. Die abgehobene Masche darüberziehen.

Betonte Abnahmen – am Reihenende
Zwei Maschen rechts zusammenstricken:

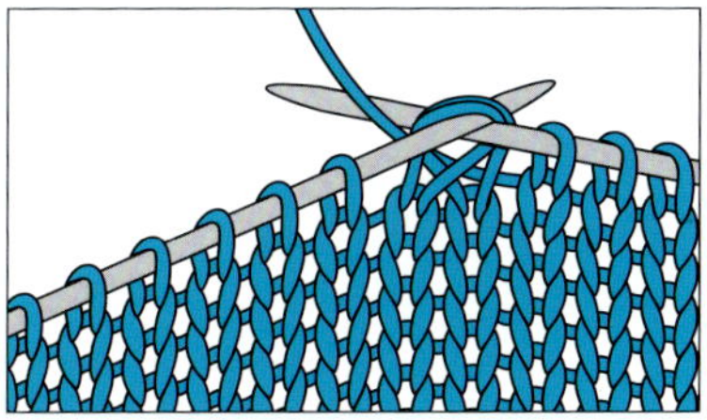

1. Der Faden liegt hinter der Arbeit. Mit der rechten Nadel von links nach rechts wie zum Rechtsstricken in die beiden Maschen zugleich einstechen.

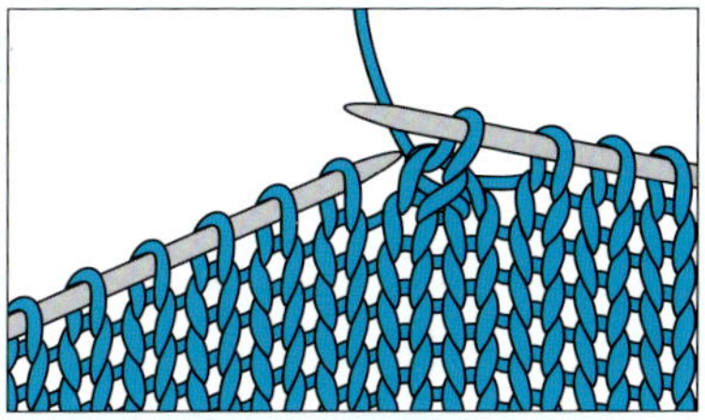

2. Den Faden holen und nach vorn durch beide Maschen ziehen. Die Maschen von der linken Nadel gleiten lassen.

(ein bisschen)

Die Stricksüchtige

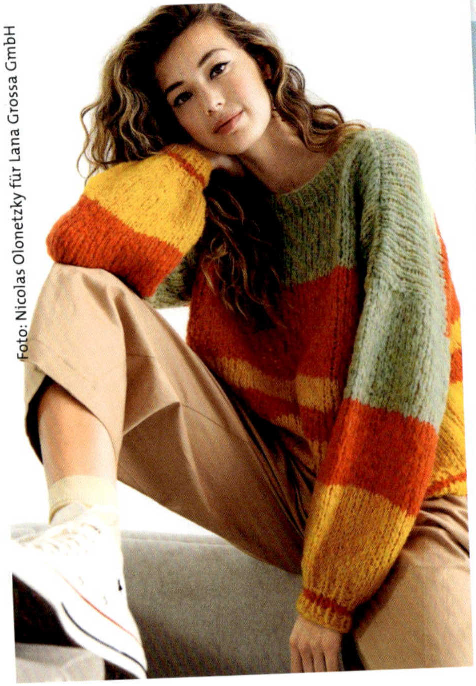

Foto: Nicolas Olonetzky für Lana Grossa GmbH

Daniela hat diesen Pulli in neuen Farben gestrickt

„Viel zu schön, um nur daheim damit rumzugammeln!“ findet Daniela ihr 200-g-leichtes Pullöverchen in Pastellfarben. „Die Wolle ist voluminös und flauschig, die Knäuel sehen aus wie Zuckerwatte. Die Farben passen zur Leichtigkeit des Modells. Es lässt sich zu allen möglichen Hosen kombinieren und ist angenehm warm. Den Pulli hätte ich zum Treffen im Freien an kühlen Tagen während der Corona-Epidemie schon gut gebrauchen können“, beschreibt sie ihr fertiges Werk.

Daniela hat als Jugendliche von ihrer Mutter stricken gelernt, aber erst vor einem Jahr wieder damit angefangen. „Es gab einfach keine schönen Pullunder zu kaufen, ich wollte aber unbedingt einen haben“, erklärt sie ihre Motivation. Seitdem hat sie viel gestrickt: große Projekte wie Pullis, Pullunder, Cardigans, aber auch

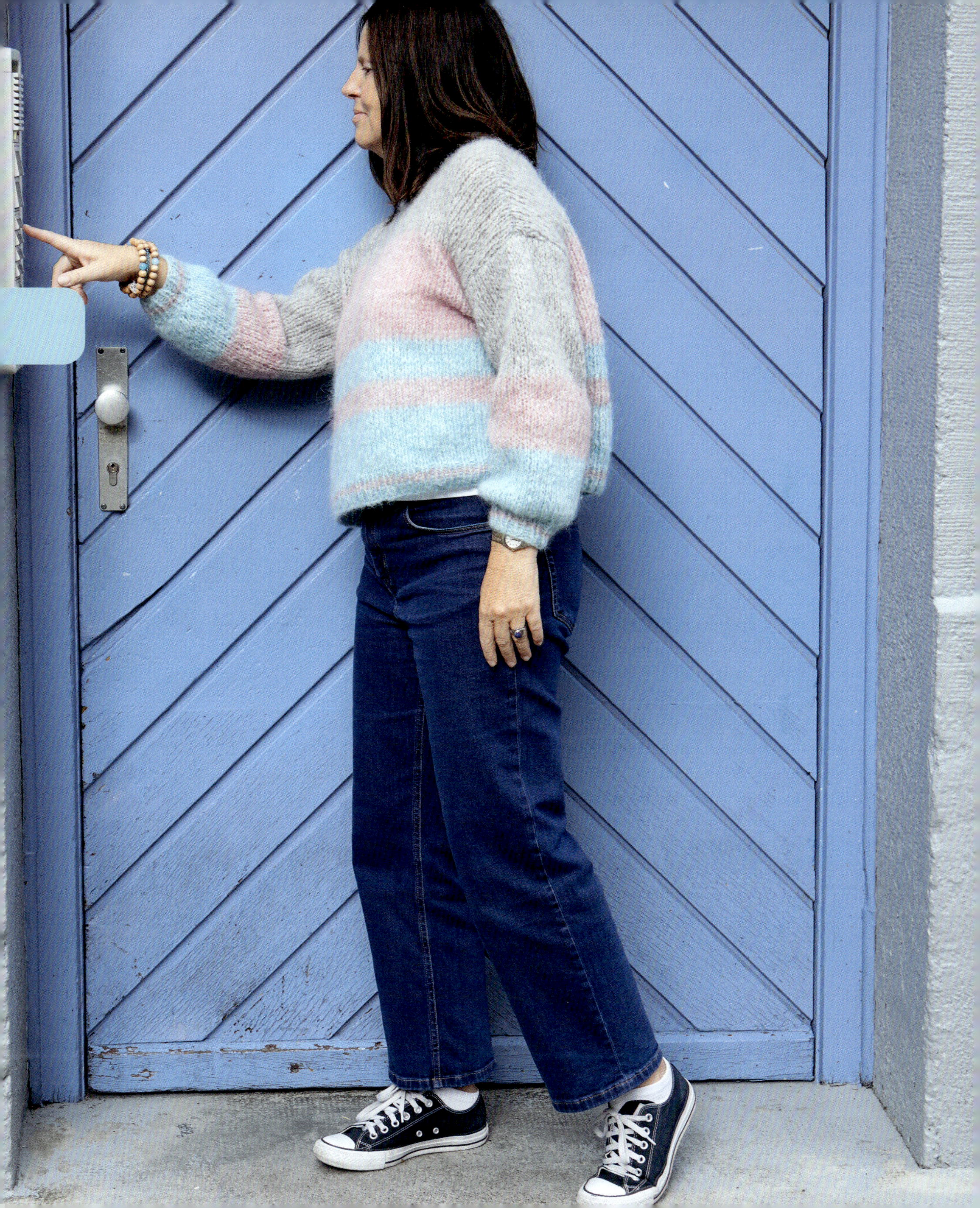

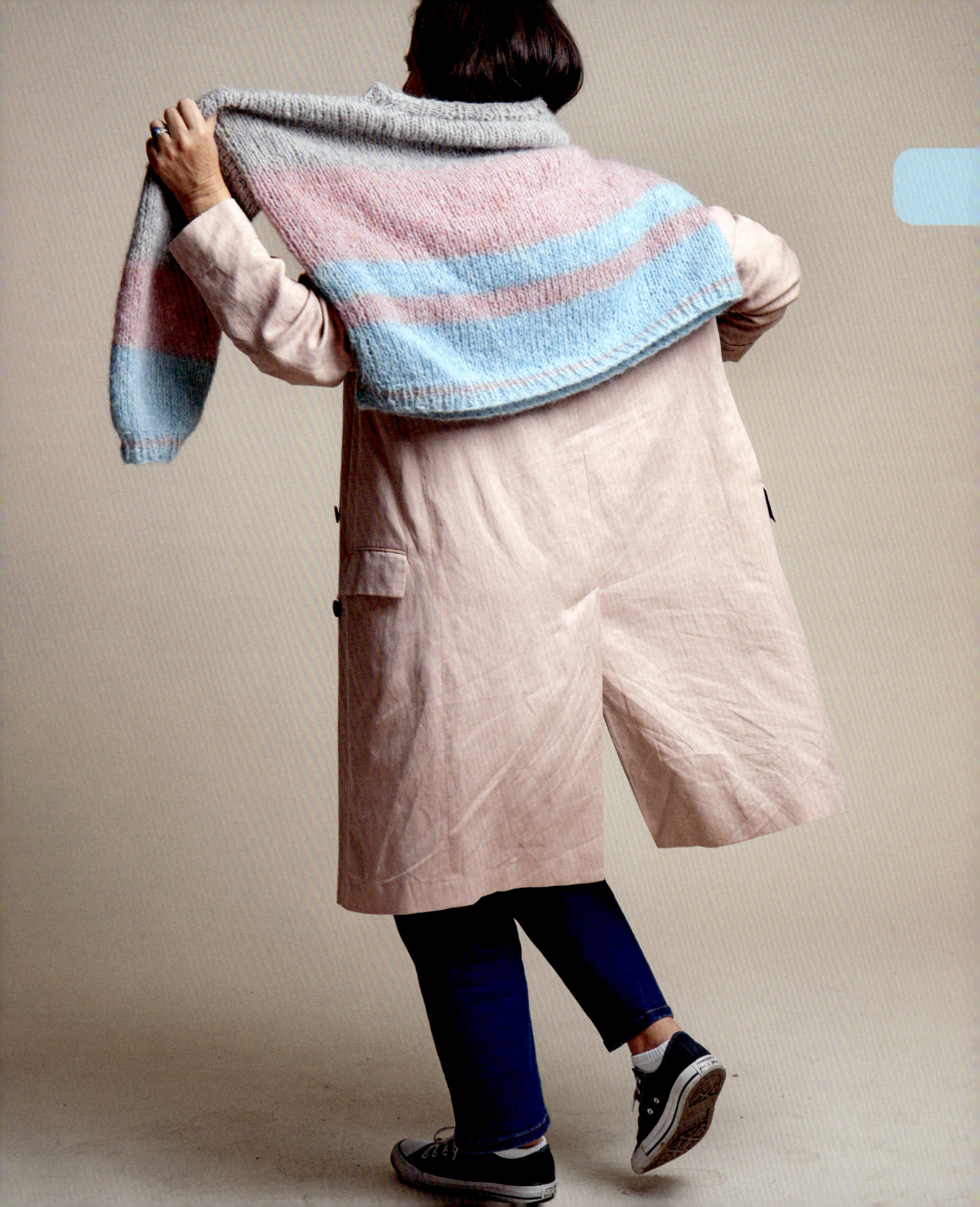

einen Pulli für den Teddy ihrer Nichte. „Es war toll, die Nadeln wieder in die Hand zu nehmen“, freut sie sich. „Ich hätte nicht gedacht, dass es so viel Spaß macht, ich bin ein bisschen süchtig.“

Für Daniela gibt es mehrere Etappen des Glücks beim Stricken: „Es fängt damit an, die Knäuel zu sehen und anzufassen. Dann geht es mit der Maschenprobe weiter. Ich mache immer eine, da sieht man dann, wie Wolle und Muster zusammenpassen. Wenn dann das erste Teil gestrickt vor einem liegt, ist das ein tolles Gefühl. Und zum Schluss die Anprobe, wenn man das fertige Modell tragen kann – Strickglück! Vom Knäuel zum Kleidungsstück, das ist eine haptische und optische Verwandlung.“

Danielas Strick-Timing: Meistens abends vor dem Fernseher, aber auch gerne mal morgens ein paar Reihen – nur ein Viertelstündchen!

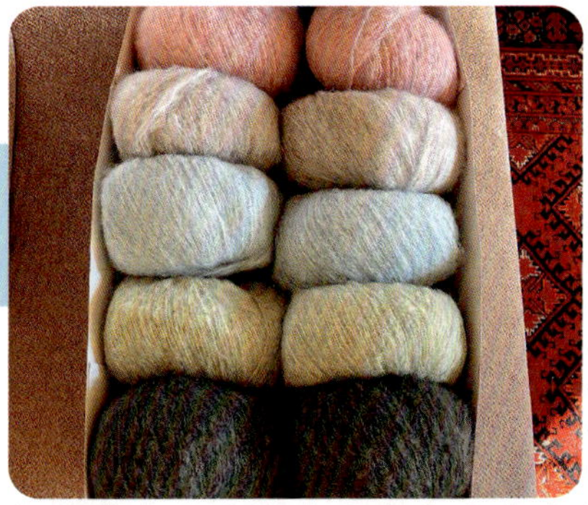

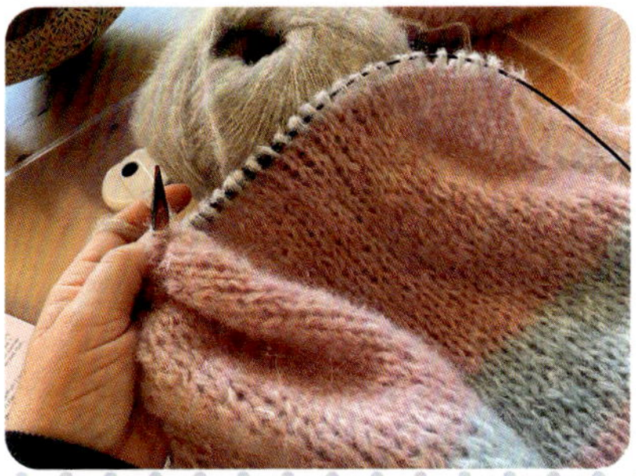

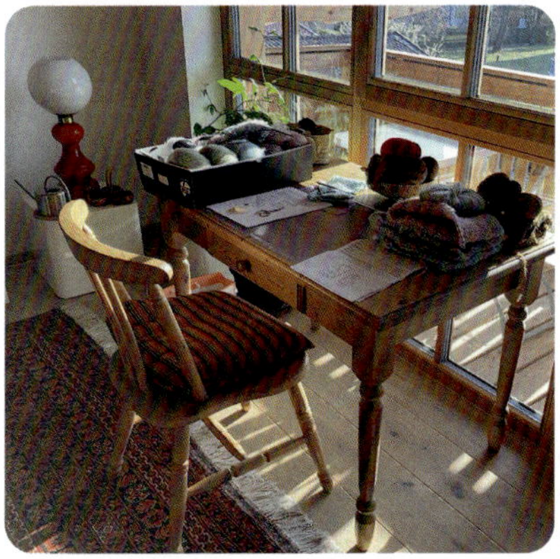

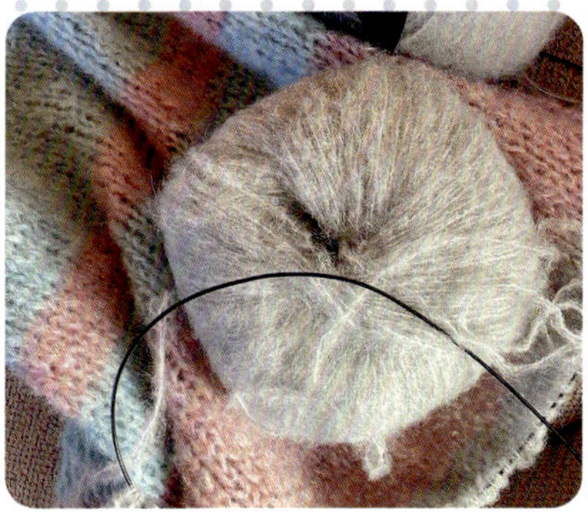

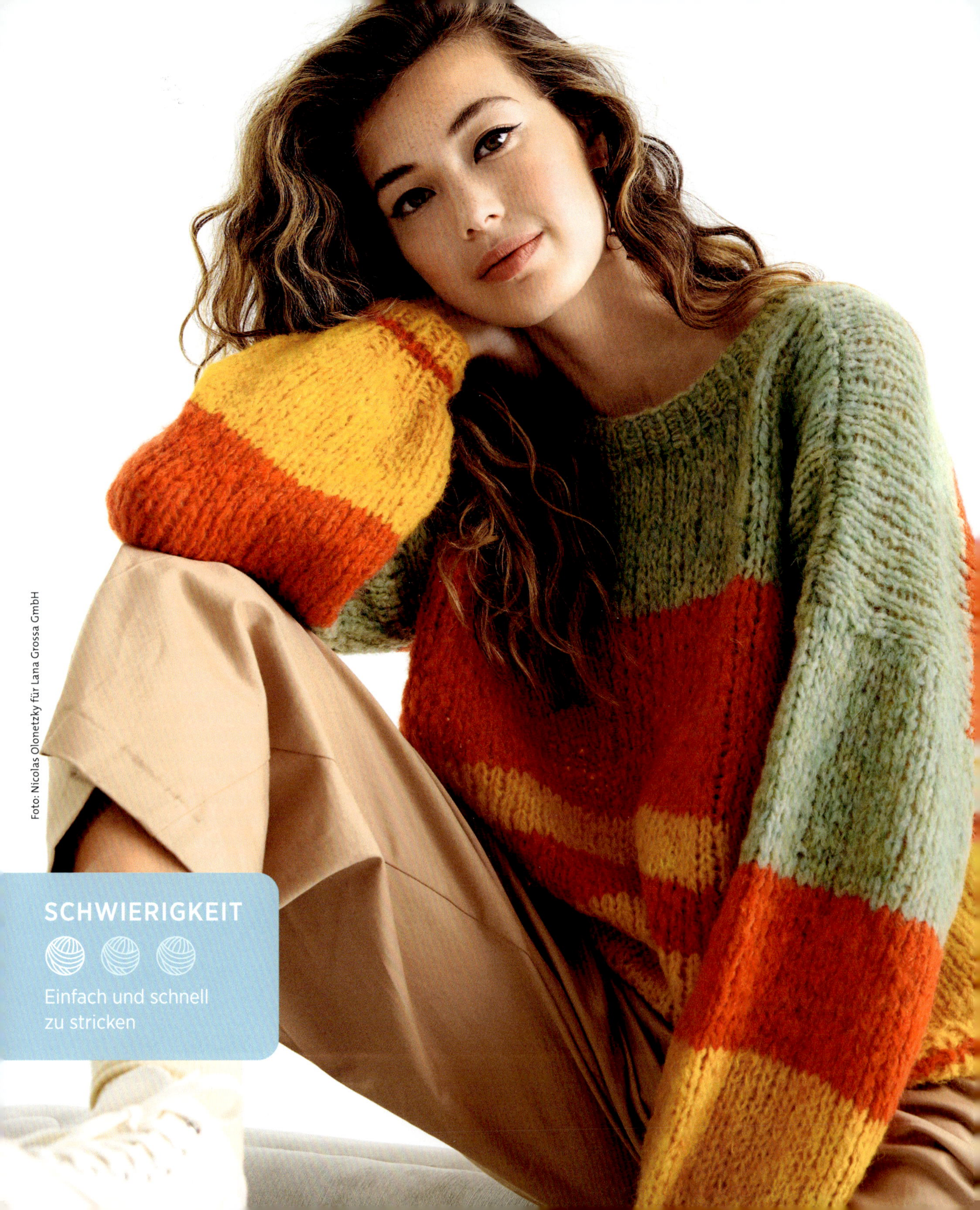

Foto: Nicolas Olonetzky für Lana Grossa GmbH

SCHWIERIGKEIT

Einfach und schnell zu stricken

Pulli glatt rechts *mit Blockstreifen*

GRÖßE

36–40 (42/44)
Die Angaben für Größe 42/44 stehen in Klammern. Steht nur eine Angabe, so gilt sie für alle angegebenen Größen.

MATERIAL

Lana Grossa **„Nuvoletta“** (42% Alpaka (Baby), 42% Schurwolle (Merino extrafine), 16% Polyamid; Lauflänge ca. 250 m/50 g): je **100 g Farbe A**, **Farbe B** und **Farbe C**.
Die Farbkollektionen werden saisonal überarbeitet, dadurch sind nicht mehr alle Farben des Originalmodells verfügbar. Stelle dir aus 17 aktuellen Farbtönen deine Lieblingsfarben zusammen.
Daniela hat die Faben Pastelltürkis **(Farbe 9 = A)**, Flieder **(Farbe 21 = B)** und Hellgrau **(Farbe 14 = C)** verwendet.
Stricknadeln Nr. 6 und 8 sowie 1 Rundstricknadel Nr. 6 in 50 cm Länge

MUSTER

Knötchenrand
Die 1. Masche jeder Reihe wie zum Rechtsstricken abheben und die letzte Masche jeder Reihe rechts stricken (Lehrgang Seite 117).
Hinweis: Alle Ränder mit Knötchenrand arbeiten!

Rippenmuster
1 Masche rechts, 1 Masche links im Wechsel stricken.

Glatt rechts
In Hinreihen rechte Maschen, in Rückreihen linke Maschen stricken.

Streifenfolge A
4 Reihen Farbe A, 2 Reihen Farbe B und 3 Reihen Farbe A = 9 Reihen insgesamt.

Streifenfolge B
9,5 cm = 14 Reihen Farbe A, 4 cm = 6 Reihen Farbe B, 4 cm = 6 Reihen Farbe A, 13,5 cm = 20 Reihen Farbe B, enden in Farbe C.

Streifenfolge C
4 Reihen Farbe A, 2 Reihen Farbe B und 5 Reihen Farbe A = 11 Reihen insgesamt.

Streifenfolge D
10,5 cm = 16 Reihen Farbe A, 9,5 cm = 14 Reihen Farbe B und 13,5 cm = 20 Reihen Farbe C = 50 Reihen insgesamt.

MASCHENPROBE

Glatt rechts mit Nadeln Nr. 8 und doppeltem Faden gestrickt: 11 Maschen und 15 Reihen = 10 x 10 cm.
Hinweis: Den Pulli durchgängig mit doppeltem Faden der jeweiligen Farbe arbeiten!

SO WIRD'S GEMACHT

Rückenteil
1. 68 (72) Maschen mit Nadeln Nr. 6 in Farbe A mit doppeltem Faden anschlagen. Für den Bund 4 cm = 9 Reihen im Rippenmuster laut Streifenfolge A stricken, dabei mit einer Rückreihe beginnen und beim Farbwechsel für einen schönen Farbübergang die 1. Reihe der neuen Farbe stets glatt rechts stricken.
2. Mit Nadeln Nr. 8 zwischen den Randmaschen glatt rechts laut Streifenfolge B weiterarbeiten.
3. Bereits nach 28 (30) cm = 42 (46) Reihen ab Bund beidseitig den Beginn der Armausschnitte markieren und gerade weiterstricken.
4. In 16 (17) cm = 24 (26) Reihen Armausschnitthöhe für den runden Halsausschnitt die mittleren 16 Maschen abketten und beide Seiten getrennt weiterstricken. Am inneren Rand für die weitere Rundung in der 2. Reihe noch 1 x 3 Maschen abketten.
5. In 3 cm = 4 Reihen Halsausschnitthöhe die restlichen je 23 (25) Schultermaschen abketten.

Vorderteil
6. Punkte 1–3 wie beim Rückenteil arbeiten.
7. In 12 (13) cm = 18 (20) Reihen Armausschnitthöhe für den tieferen Halsausschnitt die mittleren 12 Maschen abketten und beide Seiten getrennt weiterstricken. Am inneren Rand für die weitere Rundung in jeder 2. Reihe noch 1 x 3 und 1 x 2 Maschen abketten.
8. In gleicher Höhe wie beim Rückenteil die restlichen je 23 (25) Schultermaschen abketten.

Ärmel
9. 22 (23) Maschen mit Nadeln Nr. 6 in Farbe A mit doppeltem Faden anschlagen. Für den Bund 5 cm = 11 Reihen im Rippenmuster laut Streifenfolge C stricken, dabei mit einer Rückreihe beginnen und beim Farbwechsel für einen schönen Farbübergang die 1. Reihe der neuen Farbe stets glatt rechts stricken.
10. Mit Nadeln Nr. 8 zwischen den Randmaschen glatt rechts laut Streifenfolge D weiterarbeiten, dabei in der 1. Reihe aus jeder Masche 1 Masche rechts und 1 Masche rechts verschränkt herausstricken = 44 (46) Maschen.
11. Nach 33,5 cm = 50 Reihen ab Bund alle Maschen locker abketten.
12. Den 2. Ärmel ebenso arbeiten.

FERTIGSTELLEN

13. Die Schulter- und Ärmelnähte schließen.
14. Für die Halsblende 54 Maschen mit der Rundstricknadel Nr. 6 in Farbe C mit doppeltem Faden aus dem Ausschnittrand auffassen. In Runden 3 cm im Rippenmuster stricken, dann die Maschen locker abketten, wie sie erscheinen.
15. Seitennähte bis zu den Markierungen schließen. Ärmel einsetzen.
16. Alle Fäden vernähen.

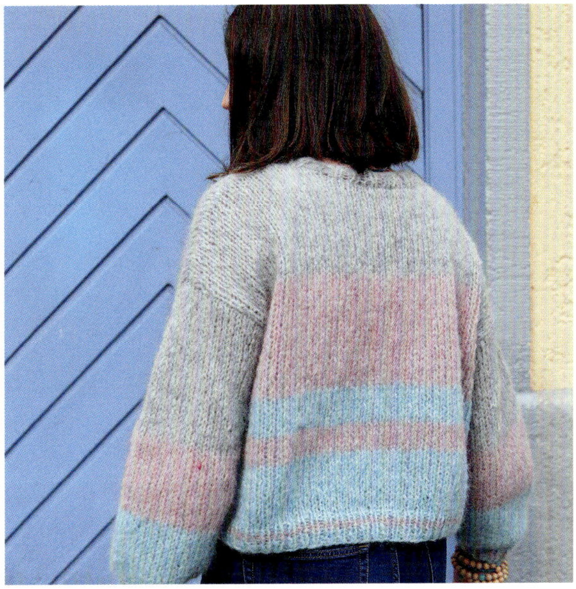

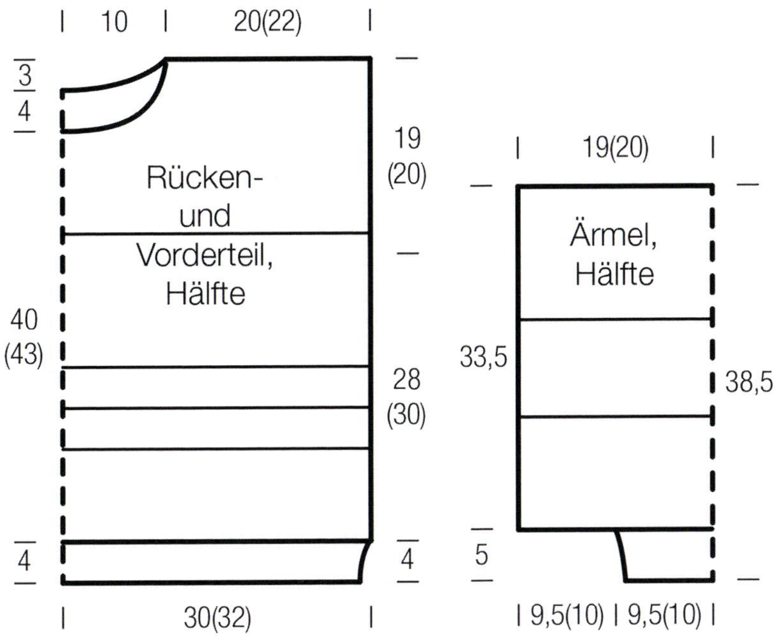

Die Kuschelstrickerin

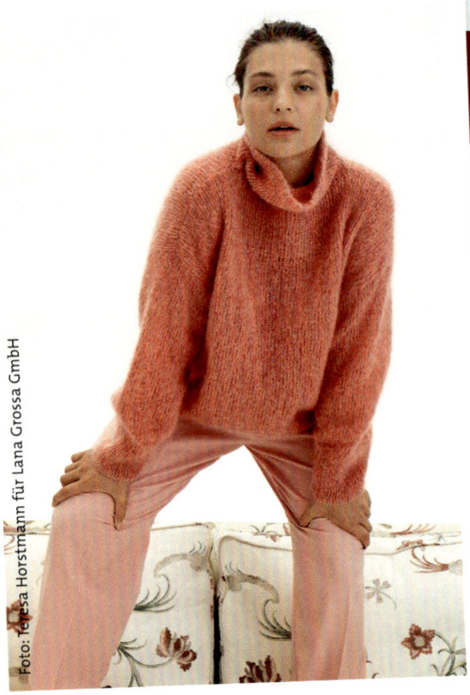

Sabine hat sich diesen Flauschpulli ausgewählt

„Maschenprobe mache ich nie, da es nie zu weit für mich sein kann. Ich mag meinen Pullover, weil er herrlich flauschig ist und schön groß. Die Wolle ist sehr weich und angenehm dünn – ich finde sie super. Weinrot habe ich mir ausgesucht, weil es meine Lieblingsfarbe ist", erklärt Sabine ihre Zufriedenheit mit ihrem neuen Kuschelpulli.

Die gelernte Mediengestalterin liebt Stricken und tut es fast jeden Abend, von einer Stunde lang bis tief in die Nacht hinein, und eigentlich ausschließlich auf ihrer Couch. Allerdings hat sie auch schon auf den Malediven gestrickt: „Ich dachte, mir wird langweilig, und habe deshalb Wolle und Stricknadeln mitgenommen. War aber nicht so, deshalb sind nur drei Mini-Mützchen dabei rausgekommen".

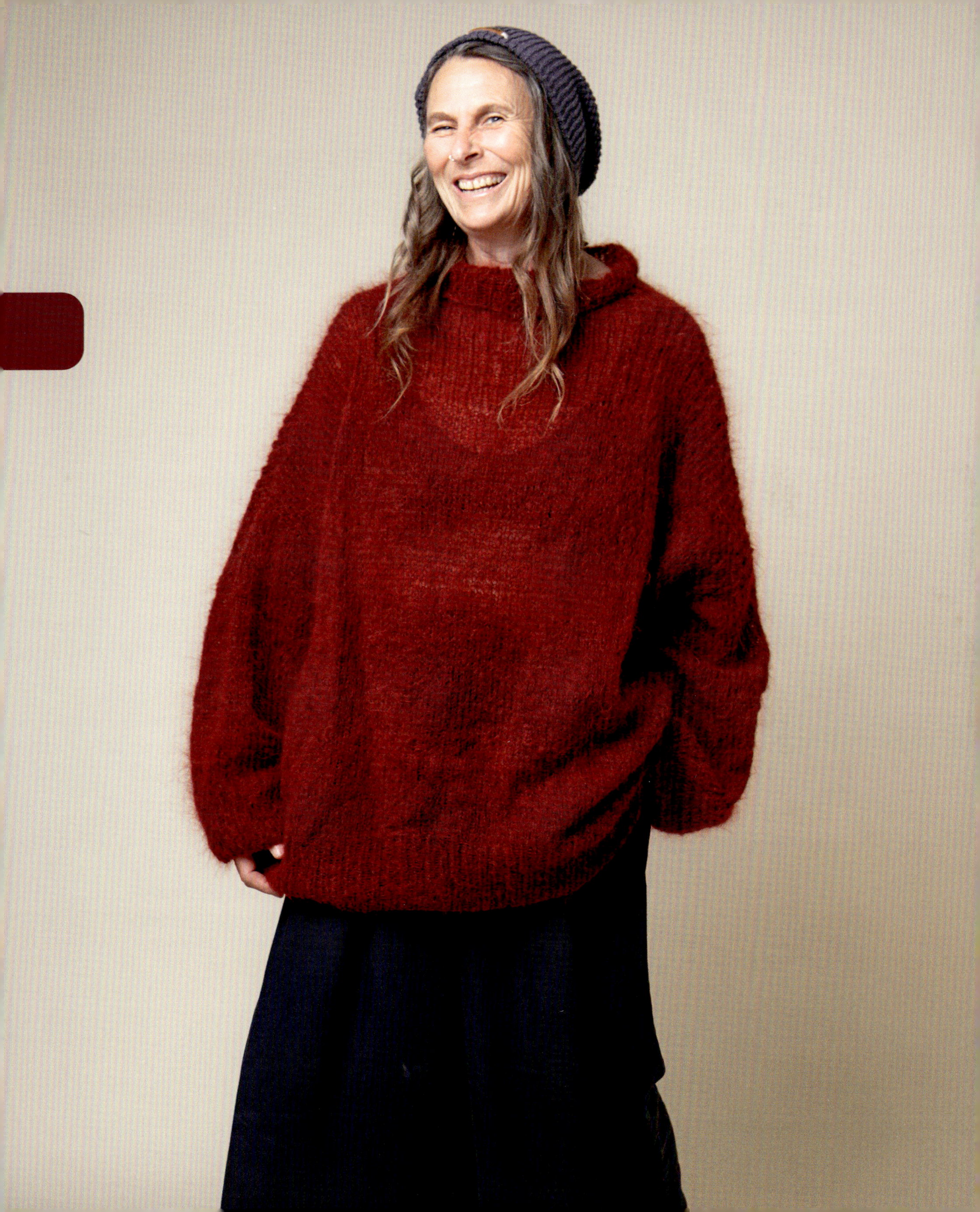

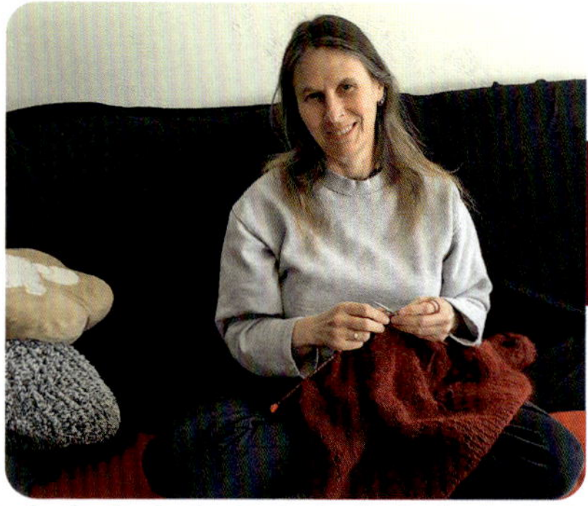

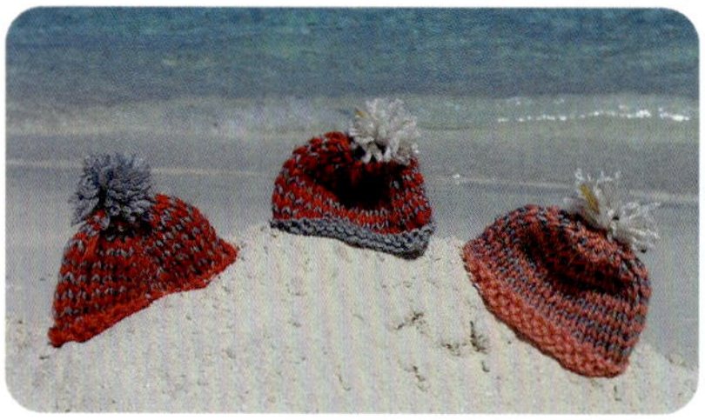

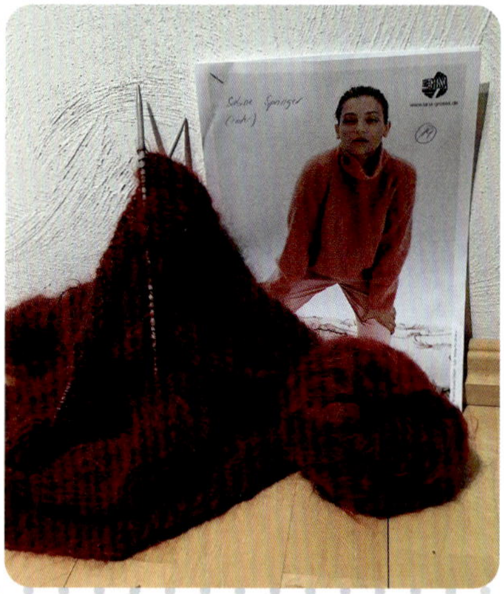

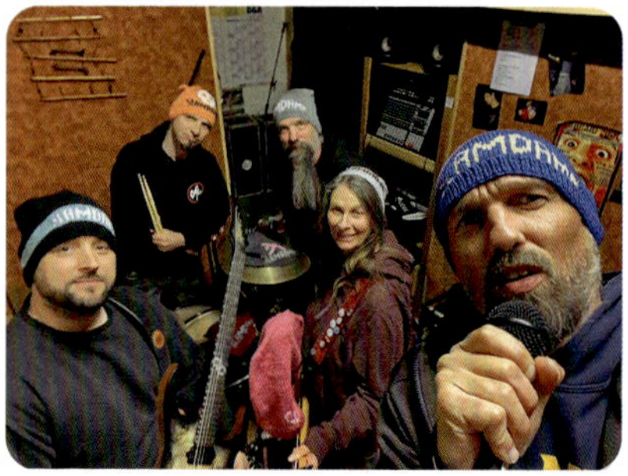

Stricktechnisch war ihr Modell für Sabine keine besondere Herausforderung. Sie fand alles leicht verständlich, allerdings kannte sie den Knötchenrand noch nicht. Einen Lehrgang dazu gibt es auf Seite 117.

Bei den Maschen mag sie es schmuseweich, in Sachen Musik kann es kaum hart genug sein: „Ich bin seit über 25 Jahren Bassistin bei der dienstältesten Münchner Hardcore-Band Slamdamn. Den Schlagzeuger habe ich sogar vor 19 Jahren geheiratet, das war meine bisher beste Entscheidung“, sagt Sabine über ihr anderes Hobby. Für alle Bandmitglieder hat sie Mützen mit Schriftzug gestrickt – da treffen sich dann ihre beiden Passionen. Es gibt noch eine dritte: ihren Krautgarten, den sie leidenschaftlich mit allerlei Gemüse bewirtschaftet.

Sabines Schlusswort zum fertigen Sweater: Noch viel kuscheliger als gedacht!

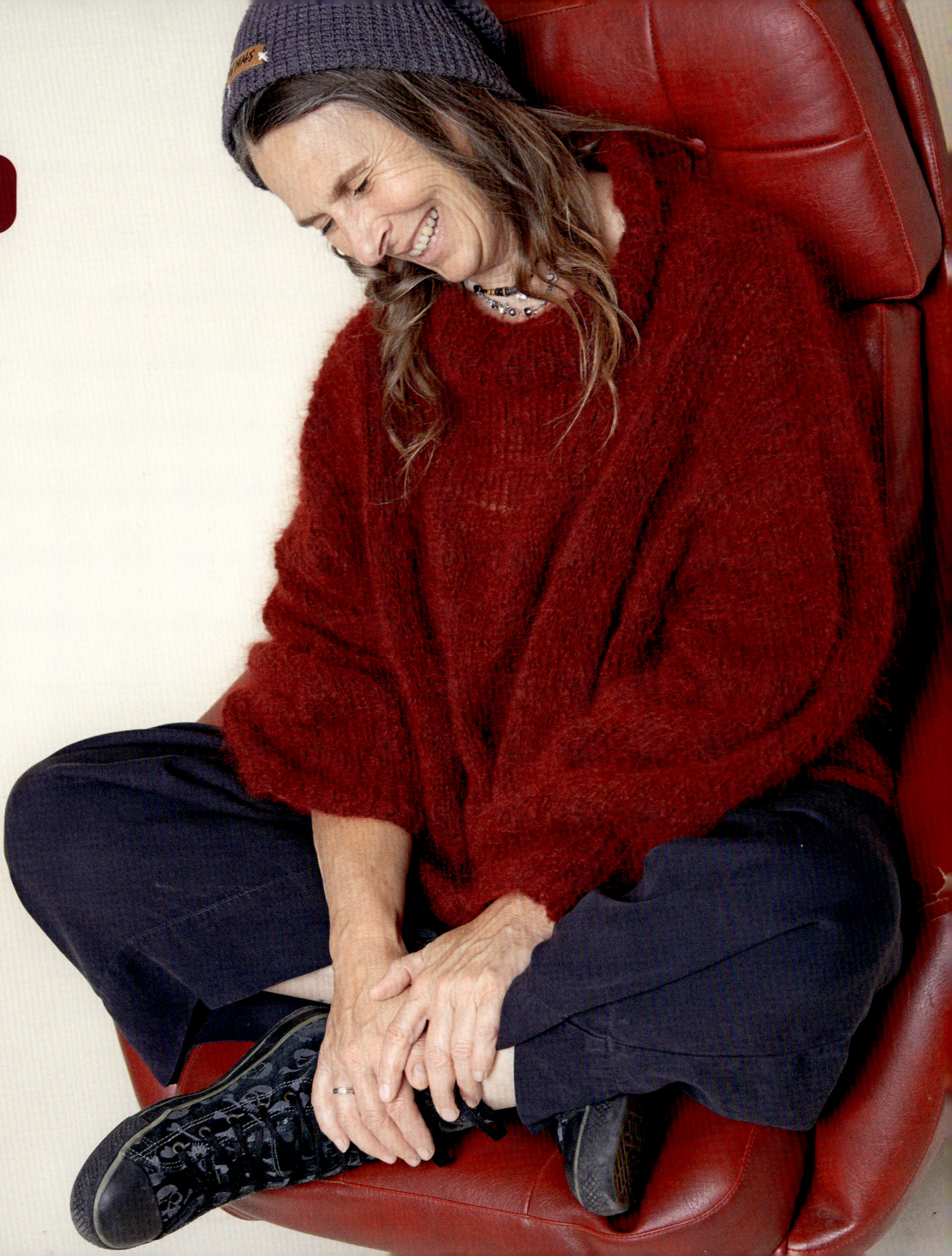

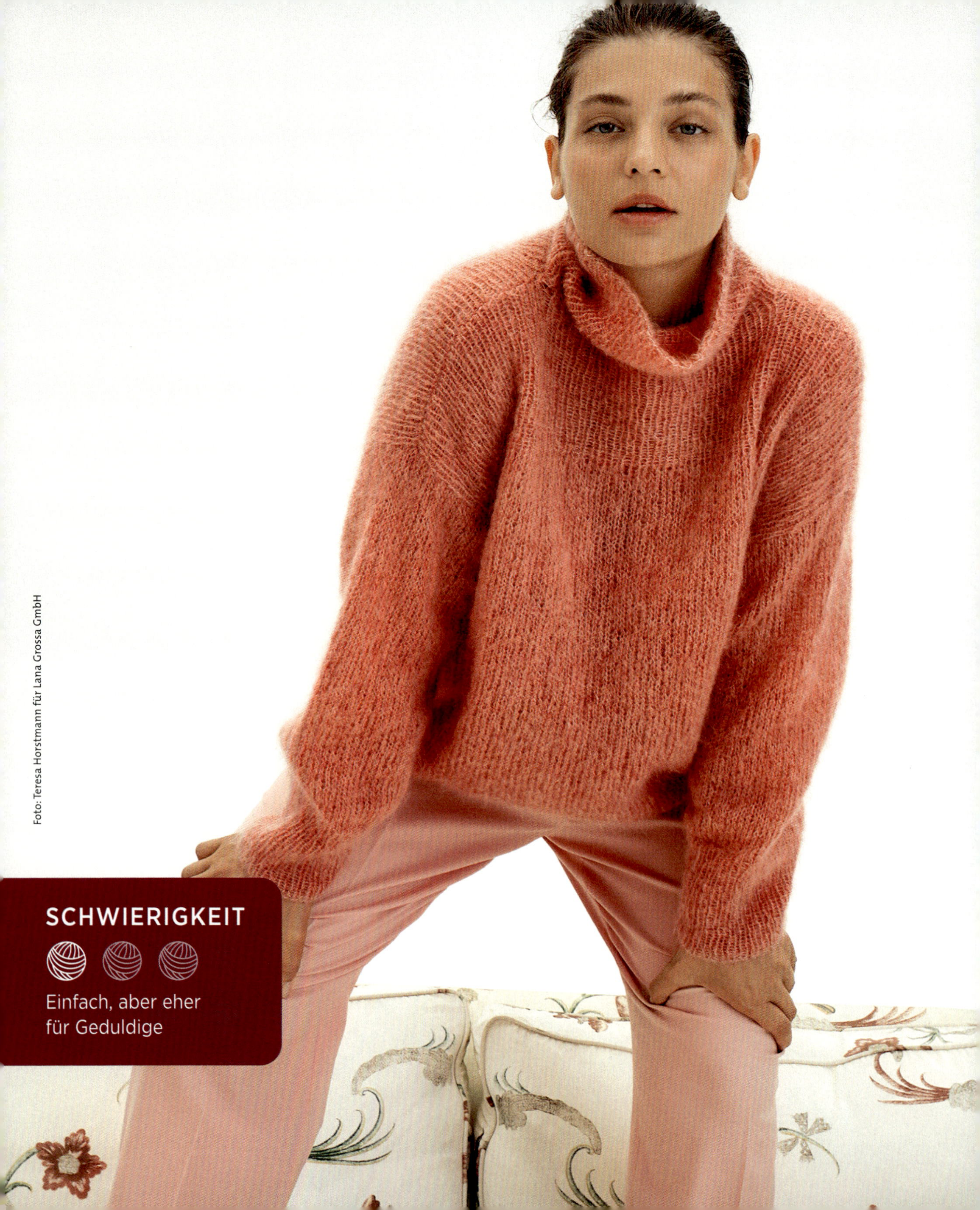

Foto: Teresa Horstmann für Lana Grossa GmbH

SCHWIERIGKEIT

Einfach, aber eher für Geduldige

Pullover mit Rippenpasse

GRÖßE

36 – 40 (42 – 46)
Die Angaben für Größe 42–46 stehen in Klammern. Steht nur eine Angabe, so gilt sie für alle angegebenen Größen.

MATERIAL

Lana Grossa **„Brigitte No. 3"** (40% Mohair (Superkid), 37% Schurwolle, 23% Polyamid; Lauflänge ca. 100 m/25 g): **275 (300) g** Altrosa **(Farbe 25)**.
Die aktuelle Farbpalette besteht aus 49 modischen Farben, aus denen du dir deinen Favoriten aussuchen kannst, Sabine hat sich für Weinrot **(Farbe 24)** entschieden.
Stricknadeln Nr. 4 und 5 sowie 1 Rundstricknadel Nr. 4 in 50 cm Länge

MUSTER

Knötchenrand
Die 1. Masche jeder Reihe wie zum Rechtsstricken abheben. Die letzte Masche jeder Reihe rechts stricken (Lehrgang Seite 117).
Hinweis: Alle Ränder mit Knötchenrand arbeiten!

Rippenmuster
1 Masche rechts, 1 Masche links im Wechsel stricken.

Glatt rechts
In Hinreihen rechte Maschen, in Rückreihen linke Maschen stricken.

Glatt links
In Hinreihen linke Maschen, in Rückreihen rechte Maschen stricken.

Betonte Zunahmen
Aus der markierten linken Masche 3 Maschen herausstricken (= 1 Masche links, 1 Masche rechts verschränkt und 1 Masche links). Es werden 2 Maschen zugenommen (Lehrgang Seite 101).
Hinweis: Die Zunahmen genau wie beschrieben arbeiten, sonst entstehen Löcher im Gestrick!

MASCHENPROBE

Glatt rechts mit Nadeln Nr. 5 gestrickt:
17,5 Maschen und 24 Reihen = 10 x 10 cm.

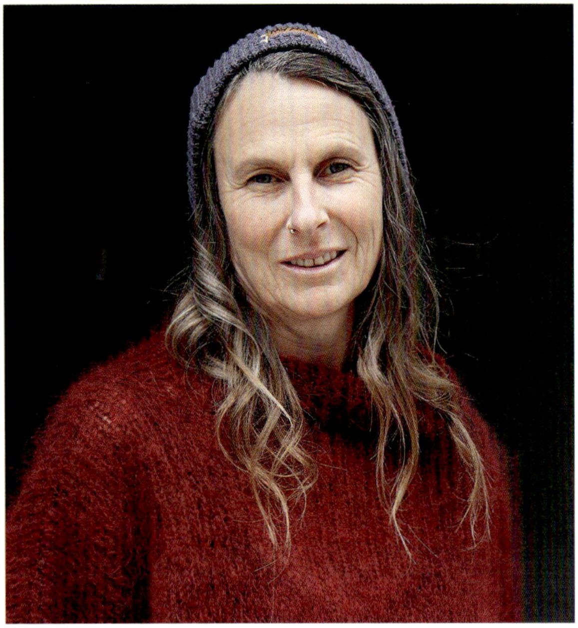

SO WIRD'S GEMACHT

Rückenteil

1. 91 (97) Maschen mit Nadeln Nr. 4 anschlagen. Für den Bund 11 cm = 34 Reihen im Rippenmuster stricken, dabei in der 1. Hinreihe nach der Randmasche mit 1 Masche links beginnen und am Reihenende vor der Randmasche mit 1 Masche links enden.

2. Gleichzeitig für die betonten Zunahmen beidseitig jeweils die 10. Masche (= 1 linke Masche) ab Rand markieren. In der 3. Reihe ab Anschlag beidseitig 2 Maschen und in jeder 6. Reihe noch 5 x je 2 Maschen betont zunehmen = 115 (121) Maschen.

3. Nach dem Bund mit Nadeln Nr. 5 weiterarbeiten, dabei nach und vor der Randmasche je 1 Masche glatt links und die übrigen Maschen glatt rechts stricken.

4. Nach 40 cm = 96 Reihen ab Bund beidseitig den Beginn der Armausschnitte markieren und gerade weiterstricken.

5. In 8 (9) cm = 20 (22) Reihen Armausschnitthöhe mit Nadeln Nr. 4 für die Passe wieder über alle Maschen im Rippenmuster in der Einteilung wie am Anfang stricken.

6. In 12 cm = 38 Reihen Passenhöhe beidseitig für die Schultern je 36 (39) Maschen locker abketten, wie sie erscheinen. Die restlichen 43 Maschen für den Kragen stilllegen.

Vorderteil

7. Punkte 1–6 wie beim Rückenteil arbeiten.

Ärmel

8. 49 (53) Maschen mit Nadeln Nr. 4 anschlagen. Für den Bund 12 cm = 38 Reihen im Rippenmuster stricken, dabei in 1. Hinreihe nach der Randmasche mit 1 Masche links beginnen und am Reihenende vor der Randmasche mit 1 Masche links enden.

9. Gleichzeitig für die betonten Zunahmen beidseitig jeweils die 10. Masche (= 1 linke Masche) ab Rand markieren. In der 3. Reihe ab Anschlag beidseitig 2 Maschen und in jeder 6. Reihe noch 5 x je 2 Maschen betont zunehmen = 73 (77) Maschen.

10. Nach dem Bund mit Nadeln Nr. 5 weiterarbeiten, dabei nach und vor der Randmasche je 1 Masche glatt links und die übrigen Maschen glatt rechts stricken.

11. Nach 33 cm = 80 Reihen ab Bund die Maschen locker abketten.

12. Den 2. Ärmel ebenso arbeiten.

FERTIGSTELLEN

13. Schulternähte schließen.

14. Für den Stehkragen die stillgelegten Maschen des Halsausschnittrands mit der Rundstricknadel Nr. 4 aufnehmen = 86 Maschen. In Runden im Rippenmuster weiterstricken, dabei in der 1. Runde die zusammentreffenden Maschen über den Schultern mustergemäß rechts (links) zusammenstricken = 84 Maschen.

15. In 14 cm = 44 Runden Kragenhöhe die Maschen locker abketten, wie sie erscheinen.

16. Die Ärmel zwischen den Markierungen einsetzen. Ärmel- und Seitennähte in einem Arbeitsgang schließen.

17. Alle Fäden vernähen.

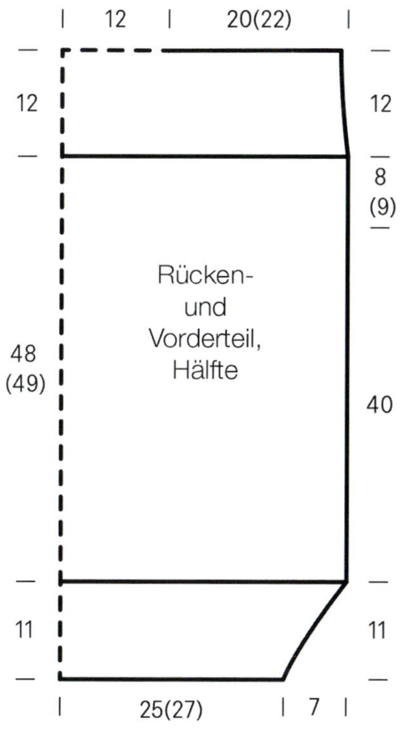

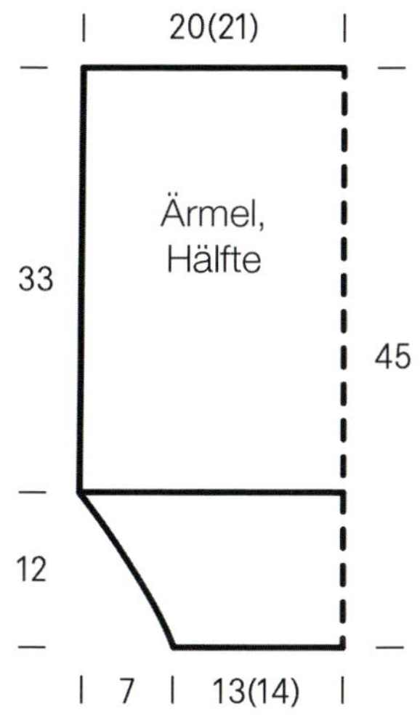

Knötchenrand

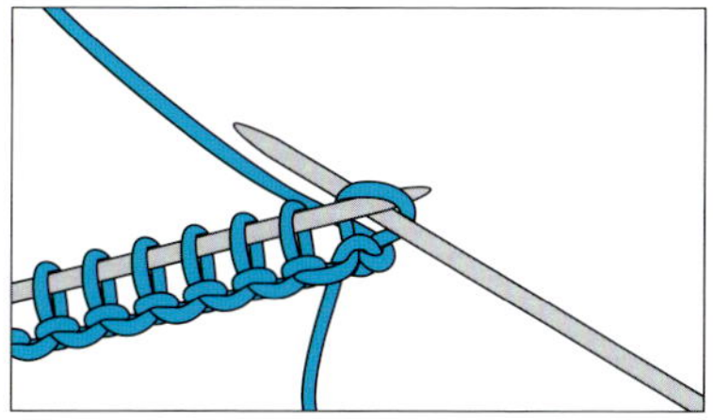

1. Die 1. Masche jeder Reihe stets wie zum Rechtsstricken abheben, dabei liegt der Faden hinter der Arbeit.

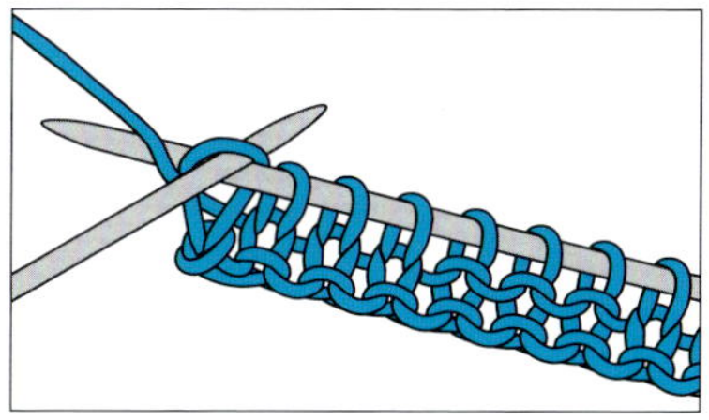

2. Die letzte Masche jeder Reihe stets rechts stricken.

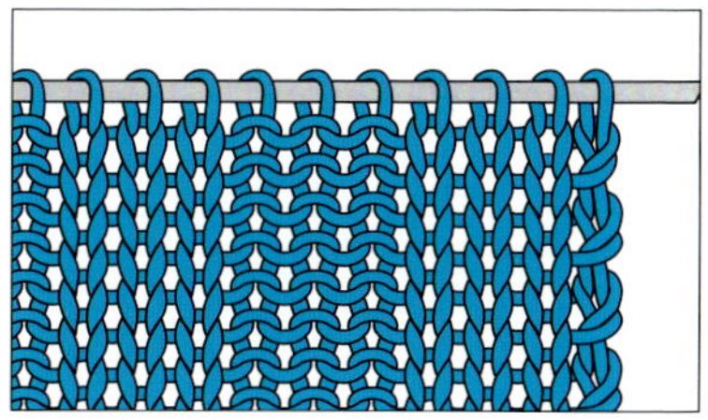

3. So sieht der rechte Rand (in der Rückreihe) aus.

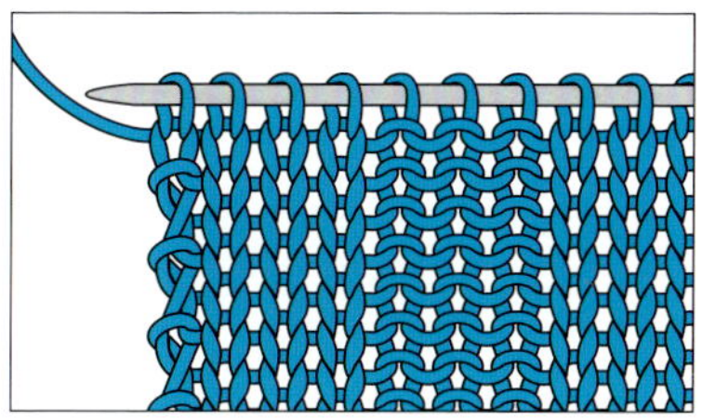

4. So sieht der linke Rand (in der Hinreihe) aus.

Die Nadelkünstlerin

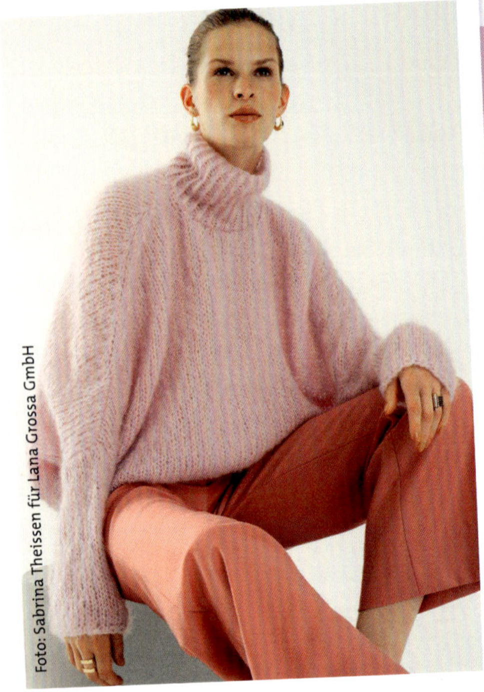

Anneke hat sich diesen Sweater auserkoren

Die perfekte Gelegenheit, ihren kuscheligen Oversize-Pulli zu tragen, hat Anneke schon vor Augen: „Nach einem langen, kalten Winterspaziergang – Pulli an, und mit heißem Kaffee auf dem Sofa das nächste Projekt angehen!".

Ihr Pullover ist zwar größer geworden als erwartet, gefällt ihr aber aus drei Gründen richtig gut: Tolle Farbe, Fledermausschnitt und das flauschige Garn. „Der Faden wirkt recht dünn, zuerst habe ich mich gewundert, warum ich mit so dicken Nadeln arbeiten soll. Beim Stricken habe ich das sofort verstanden. Nach etwas Eingewöhnung strickt es sich sehr gut", sagt die ITlerin über das kuschelige Mohairgarn, das sie verarbeitet hat.

„Ich handarbeite gern. Ich arbeite mit meinen Händen und erstelle Dinge, die mir und anderen Freude machen. Was ich anfertige, soll benutzt werden, nicht im

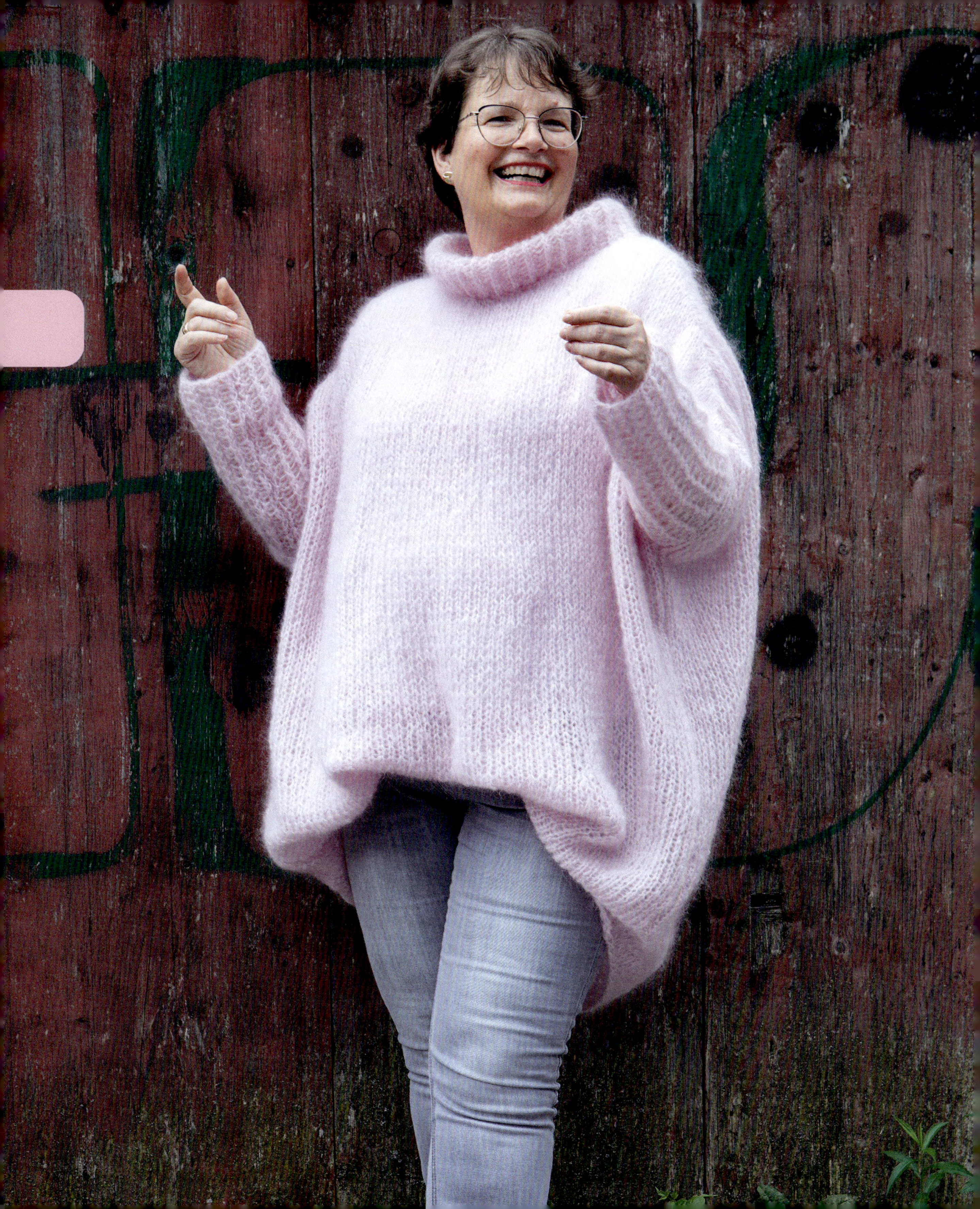

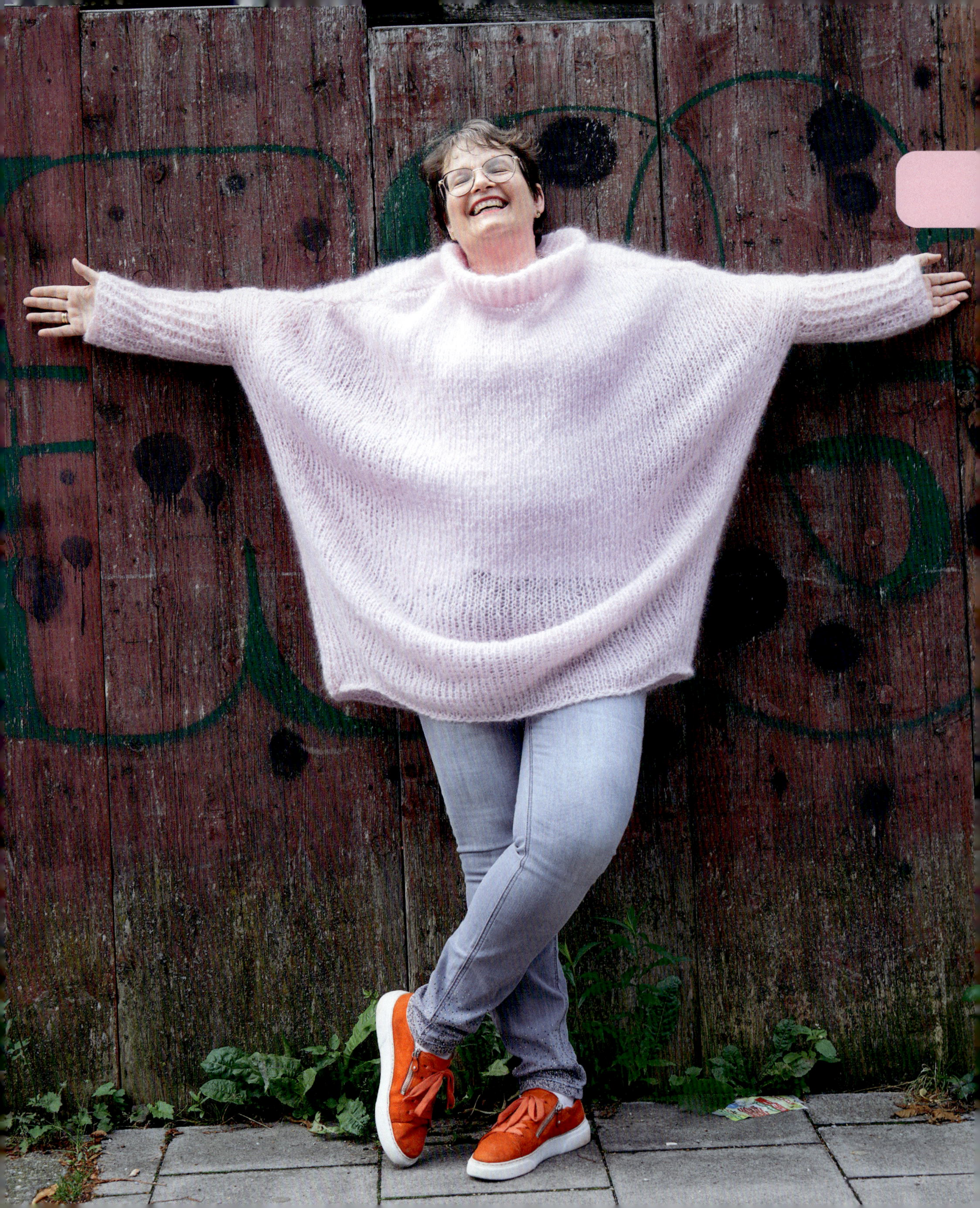

Schrank liegen. Ich sticke, stricke und häkel. Meine Projektliste ist lang und ich werde noch den einen oder anderen Kurs machen. Lernen gehört für mich dazu, Herausforderungen finde ich spannend. Ich stricke, um zur Ruhe zu kommen, und um Stress abzubauen. Ich brauche das als Ausgleich zum anstrengenden Alltag", zählt Anneke viele Aspekte auf, warum sie immer wieder Nadel(n) und Faden aufnimmt.

Beim Thema Wieder-Auftrennen ist Anneke schmerzfrei: „Ich trenne meistens irgendwann, für mich kein Problem. Das gehört dazu, auch ohne Perfektionsanspruch. Ich stecke so viel Zeit und Liebe in meine Projekte, da möchte ich auch Qualität im Ergebnis haben. Kleine Fehlerchen dürfen bleiben, aber nur, wenn sie nicht auffallen."

Die Frage nach der Strickzeit für ihren Comfy Sweater beantwortet Anneke daher entspannt: „Wenn ich stricke, zähle ich keine Stunden, sie sind dann einfach weg!"

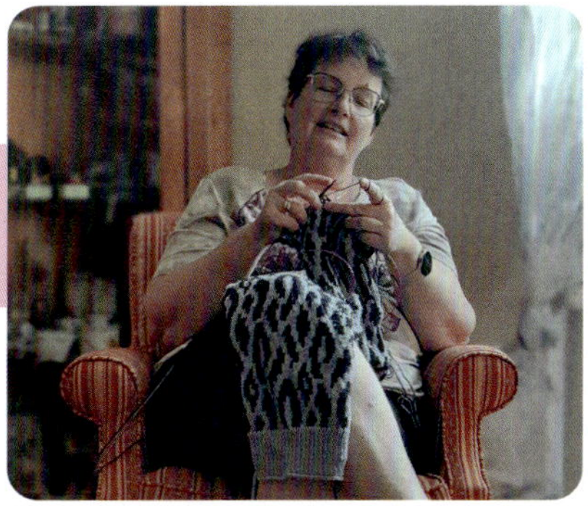

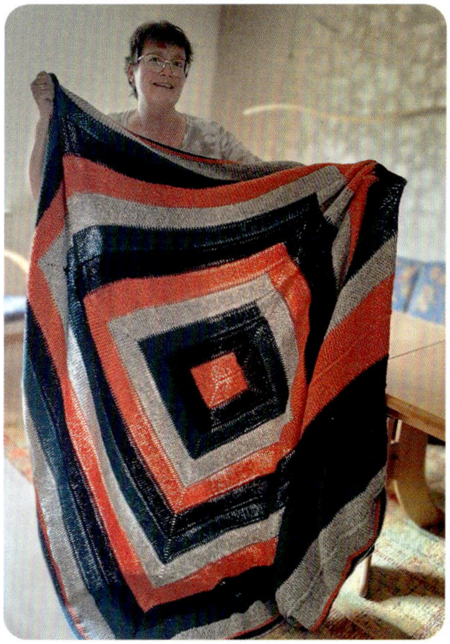

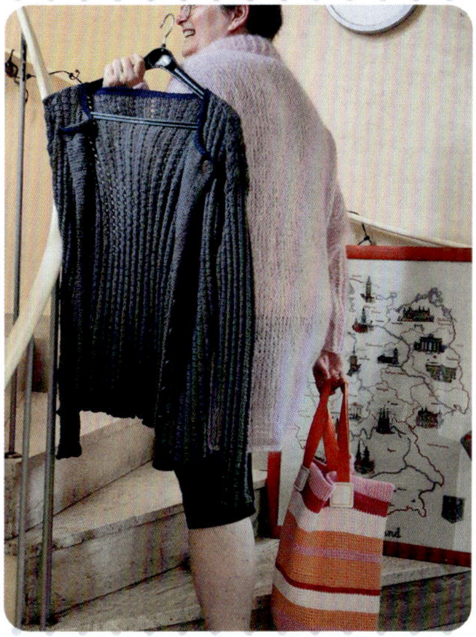

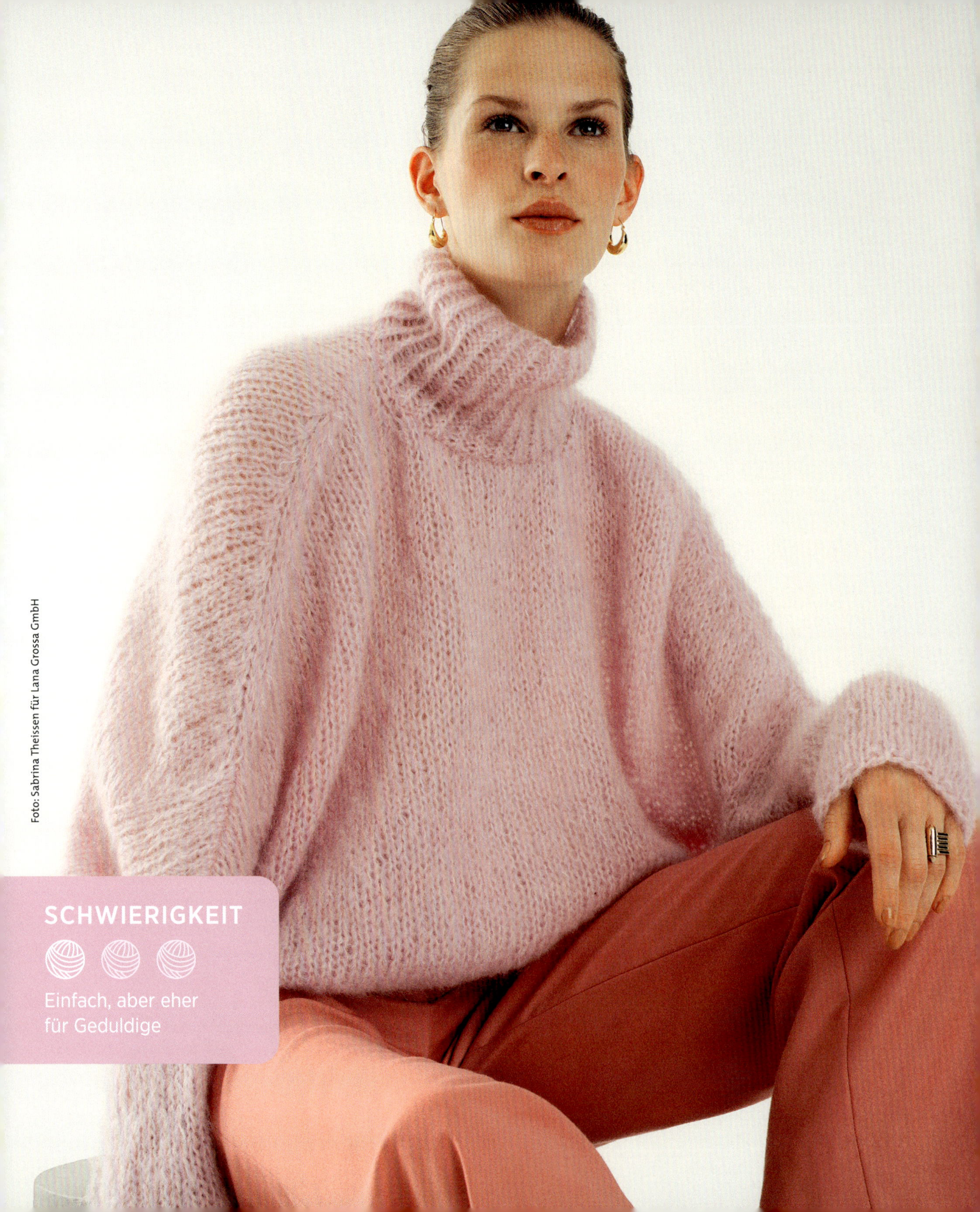

Foto: Sabrina Theissen für Lana Grossa GmbH

SCHWIERIGKEIT

Einfach, aber eher für Geduldige

Pullover mit Fledermausärmeln

GRÖSSE

36 – 40 und 42 – 46
Die Angaben für Größe 42 – 46 stehen in der Klammer. Bei nur einer Angabe gilt diese für beide Größen. Das Modell ist sehr großzügig geschnitten.

MATERIAL

Lana Grossa **„Brigitte No. 3“** (40% Mohair, 37% Schurwolle Merino, 23% Polyamid; Lauflänge ca. 100 m/25 g): **400 (450) g** in Fliederrosa **(Farbe 7)**.
Anneke hat die Originalfarbe verwendet, es stehen jedoch weitere 48 aktuelle Farbtöne zur Auswahl, aus denen du deinen Favoriten aussuchen kannst. Die Ärmel können glatt rechts oder im Rippenmuster gearbeitet werden, Anneke hat sich für die Variante im Rippenmuster entschieden.
Stricknadeln Nr. 5 und 8

MUSTER

Glatt rechts
In Hinreihen rechte Maschen, in Rückreihen linke Maschen stricken.

Rippenmuster 1:1 verschränkt
In Hin- und Rückreihen 1 Masche rechts verschränkt und 1 Masche links verschränkt im Wechsel stricken.

Einfache Randmasche
In Hinreihen die 1. Masche wie zum Rechtsstricken abheben und die letzte Masche rechts stricken. In Rückreihen die 1. Masche wie zum Linksstricken abheben und die letzte Masche links stricken.

MASCHENPROBE

Mit Nadeln Nr. 8 und doppeltem Faden glatt rechts gestrickt: 10 Maschen und 14 Reihen = 10 x 10 cm. Die Maße im Schnitt sind zum Teil am Modell abgenommen.
Hinweis: Der Pullover wird durchgängig mit doppeltem Faden gestrickt.

SO WIRD'S GEMACHT

Rückenteil

1. 57 (65) Maschen mit Nadeln Nr. 8 und doppeltem Faden anschlagen und 1 Rückreihe im Rippenmuster stricken. Diese wird in der weiteren Berechnung nicht berücksichtigt.

2. Anschließend zwischen den Randmaschen glatt rechts arbeiten. Für die Seitenschrägungen in der 3. Reihe und noch 21 x in jeder folgenden 4. Reihe am Reihenanfang nach der 9. Masche und am Reihenende vor der 9.letzten Masche jeweils 1 Masche rechts verschränkt aus dem Querfaden zunehmen = 101 (109) Maschen.

3. Im Anschluss noch 8 x in jeder 2. Reihe am Reihenanfang nach der 9. Masche und am Reihenende vor der 9.letzten Masche jeweils 1 Masche rechts verschränkt aus dem Querfaden zunehmen = 117 (125) Maschen.

4. Ab der 105. Reihe die Schulterschrägungen arbeiten. Hierzu beidseitig 11 (15) Maschen abketten = 95 Maschen.

5. Danach 11 x in jeder 2. Reihe beidseitig je 2 Maschen abnehmen, dazu am Reihenanfang nach der Randmasche 3 Maschen rechts verschränkt zusammenstricken und am Reihenende vor der Randmasche 3 Maschen rechts zusammenstricken = 51 Maschen.

6. In der folgenden 2. Reihe nochmals beidseitig neben den Randmaschen 2 Maschen abnehmen und gleichzeitig für den Halsausschnitt die mittleren 19 Maschen abketten.

7. Beide Seiten getrennt über je 14 Maschen nacheinander beenden. An der zum Ausschnitt zeigenden Seite noch 1 x 2 Maschen abketten und gleichzeitig für die Schulterschrägung noch 1 x neben der Randmasche 2 Maschen abnehmen = 10 Maschen. Die restlichen je 10 Schultermaschen abketten.

Vorderteil

8. Punkte 1–4 wie beim Rückenteil arbeiten.

9. Danach 9 x in jeder 2. Reihe beidseitig je 2 Maschen abnehmen, dazu am Reihenanfang nach der Randmasche 3 Maschen rechts verschränkt zusammenstricken und am Reihenende vor der Randmasche 3 Maschen rechts zusammenstricken = 59 Maschen.

10. In der folgenden 2. Reihe nochmals beidseitig neben den Randmaschen 2 Maschen abnehmen und gleichzeitig für den tieferen Halsausschnitt die mittleren 11 Maschen abketten.

11. Beide Seiten getrennt über je 22 Maschen nacheinander beenden. An der zum Ausschnitt zeigenden Seite in jeder 2. Reihe noch 1 x 3, 1 x 2 und 1 x 1 Masche abketten und gleichzeitig für die Schulterschrägung noch 3 x in jeder 2. Reihe neben der Randmasche 2 Maschen abnehmen = 10 Maschen. Die restlichen je 10 Schultermaschen abketten.

Ärmel

12. 31 Maschen mit Nadeln Nr. 8 und doppeltem Faden anschlagen und 1 Rückreihe im Rippenmuster stricken, dabei zwischen den Randmaschen mit 1 Masche links verschränkt beginnen und enden.

13. Anschließend zwischen den Randmaschen glatt rechts oder alternativ im Rippenmuster weiterarbeiten. Nach 23 cm Höhe alle Maschen abketten.

14. Den 2. Ärmel ebenso arbeiten.

Halsblende

15. 55 Maschen mit Nadeln Nr. 5 und doppeltem Faden anschlagen.

16. Im Rippenmuster stricken, dabei mit einer Rückreihe in folgender Einteilung beginnen: Nach der Randmasche mit 1 Masche links verschränkt beginnen und vor der Randmasche mit 1 Masche links verschränkt enden.

17. In dieser Einteilung 12 cm stricken, dann alle Maschen locker abketten.

FERTIGSTELLEN

18. Die Schulternaht schließen.

19. Die schmalen Seiten der Halsblende zusammennähen. Die abgekettete Kante gedehnt in den Halsausschnitt nähen. Die Halsblende kann nach Wunsch zur Hälfte nach innen geschlagen und angenäht werden.

20. Die Ärmel an die Seitenkante nähen, dabei darauf achten, dass die Ärmelmitte an der Schulternaht liegt. Dann die Seiten- und Ärmelnähte in einem Arbeitsgang schließen.

21. Alle Fäden vernähen.

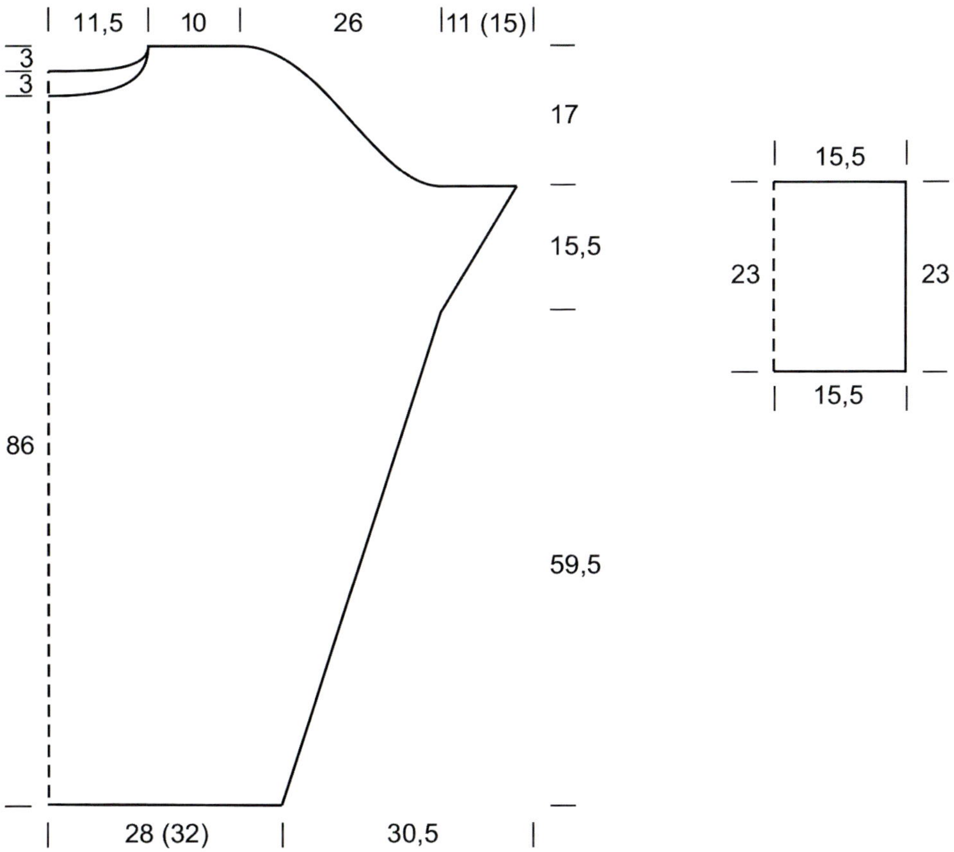

Impressum

Anleitungen und Entwürfe: Lana Grossa
Fotos: Corinna Brix: Seite 5, 7, 8, 12, 15, 16, 22, 25, 31, 32, 36, 38, 41, 46, 49, 55, 60, 63, 64, 68, 71, 72, 76, 79, 80, 87, 93, 94, 103, 104, 109, 111, 113, 116, 119, 120
Lana Grossa: Seite 2, 6, 10, 14, 19, 23, 27, 30, 35, 39, 42, 47, 50, 54, 57, 62, 66, 70, 74, 78, 82, 86, 89, 95, 97, 102, 106, 110, 114, 118, 122
privat: Seite 9, 17, 24, 33, 40, 48, 56, 65, 73, 81, 88, 96, 105, 112, 121
Alle weiteren Fotos von Lana Grossa: siehe Fotocredits direkt am Bild
Redaktion: Janne Graf
Lektorat und Projektmanagement: Birgit Gack
Korrektorat: Anleitungen Birgit Gack
Umschlaggestaltung: Andreas Kersten
Layout: Elke Mader
Repro: LUDWIG:media
Herstellung: Kathleen Baumann
Printed in Slovakia by Neografia Martin

★★★★★

Sind Sie mit diesem Titel zufrieden? Dann würden wir uns über Ihre Weiterempfehlung freuen. Erzählen Sie es im Freundeskreis, berichten Sie Ihrem Buchhändler oder bewerten Sie beim Onlinekauf. Und wenn Sie Kritik, Korrekturen oder Aktualisierungen haben, freuen wir uns über Ihre Nachricht an Christian Verlag, Postfach 40 02 09, D-80702 München oder per E-Mail an lektorat@verlagshaus.de.

Unser komplettes Programm finden Sie unter

www.christophorus-verlag.de

Die Deutsche Nationalbibliothek verzeichnet diese Publikation in der Deutschen Nationalbibliografie; detaillierte bibliografische Daten sind im Internet über https://www.dnb.de/ abrufbar.

Bildnachweis: Wollknäuel Seite 10–122 Shutterstock/ (AVIcon)

Herstellerverzeichnis
LANA GROSSA Mode mit Wolle
Handels- und Vertriebs GmbH
Ingolstädter Straße 86, 85080 Gaimersheim
www.lanagrossa.de

ISBN 978-3-8410-6726-5

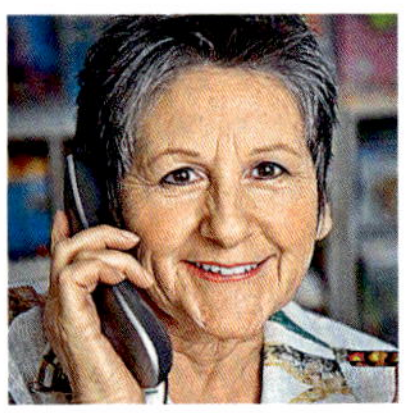

Kreativ-Service

Sie haben Fragen zu den Büchern und Materialien? Frau Erika Noll ist für Sie da und berät Sie rund um alle Kreativthemen. Rufen Sie an! Wir interessieren uns auch für Ihre eigenen Ideen und Anregungen. Sie erreichen Frau Noll per E-Mail: **kreativ-service@c-verlag.de** oder **Tel.: +49 (0) 89. 13 06 99-577.**

Besuchen Sie uns im Internet: www.christophorus-verlag.de und www.selbstgemacht.de

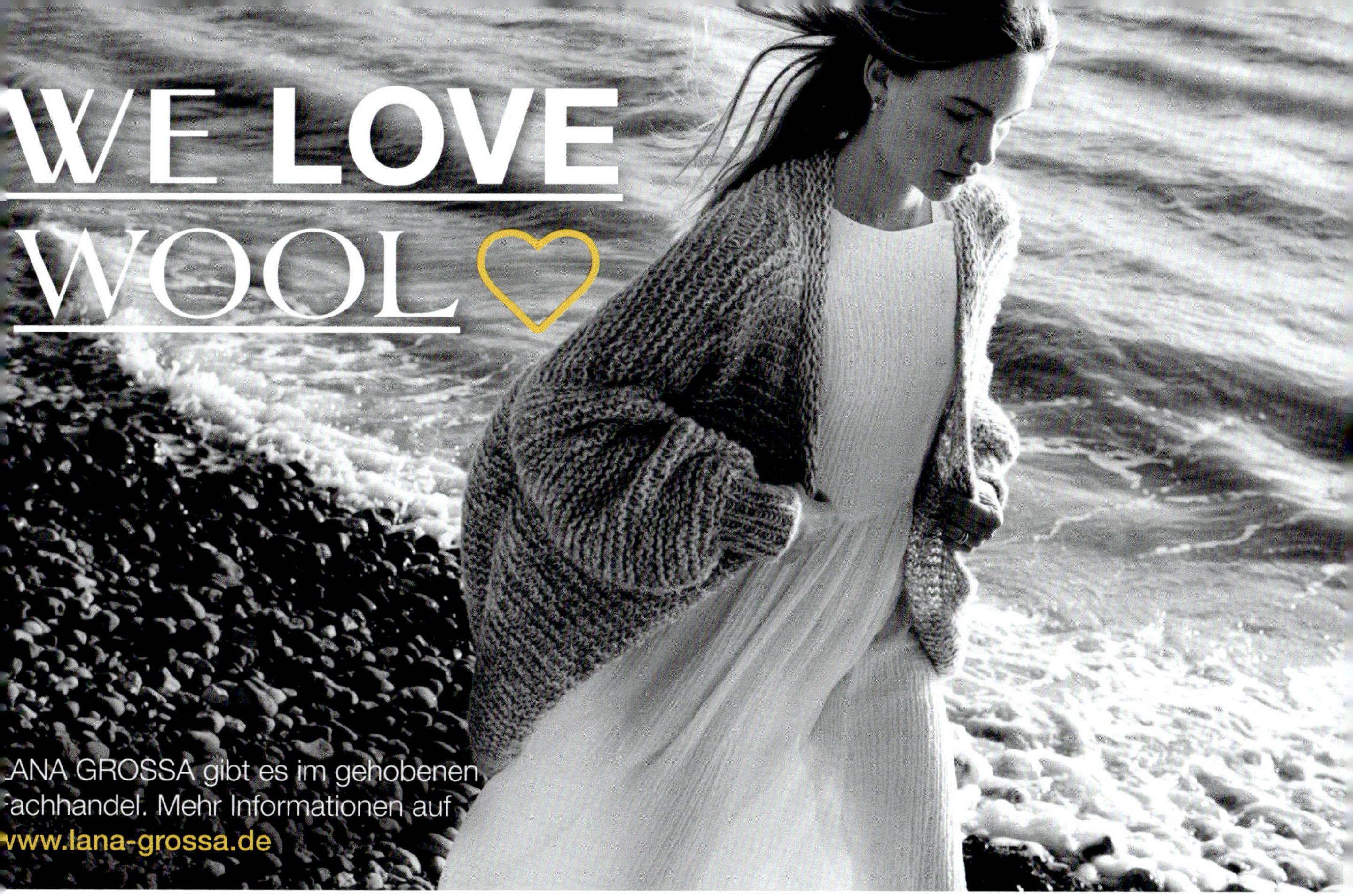
WE LOVE
WOOL
ANA GROSSA gibt es im gehobenen
achhandel. Mehr Informationen auf
www.lana-grossa.de
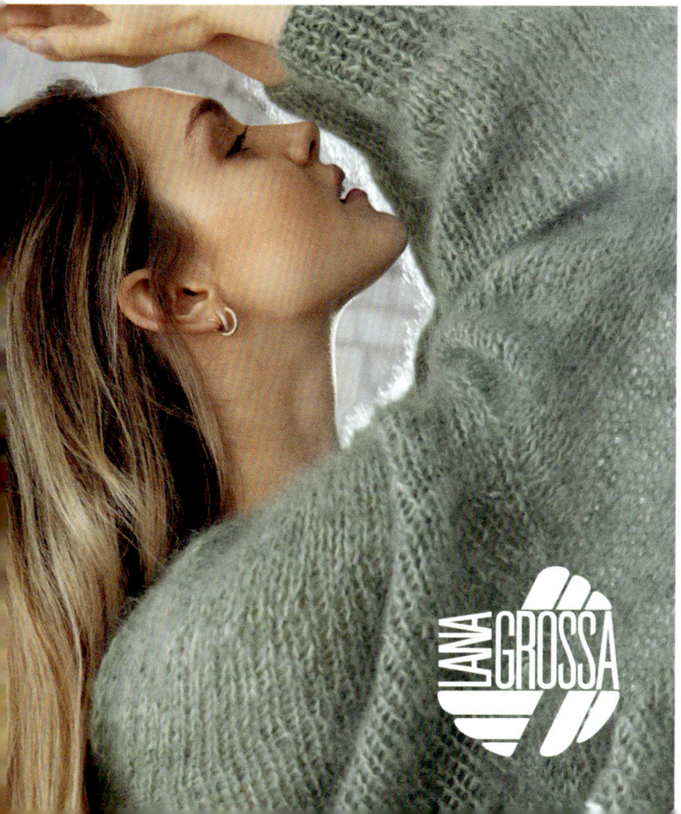
LANA GROSSA
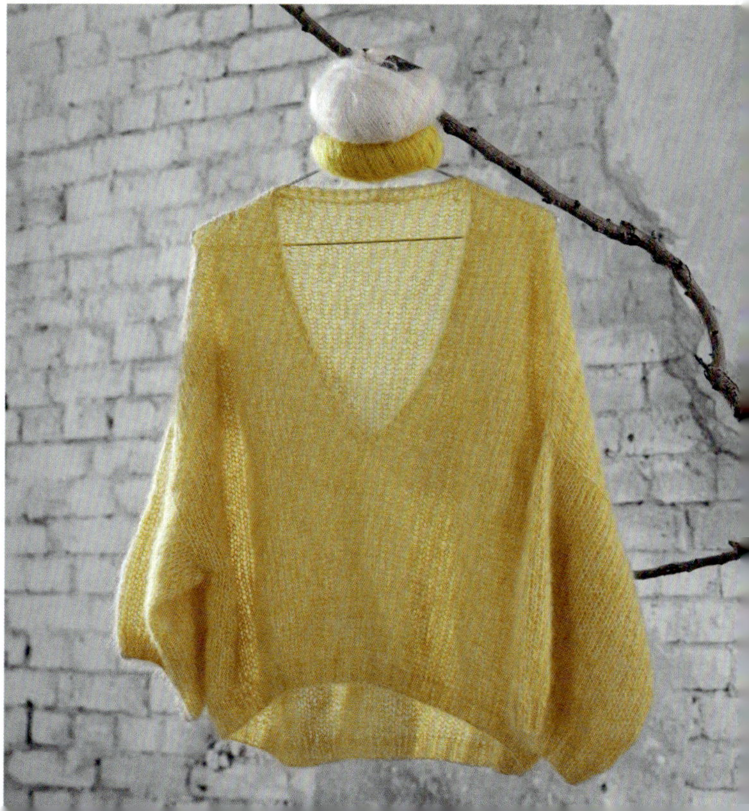

Ebenfalls erhältlich ...

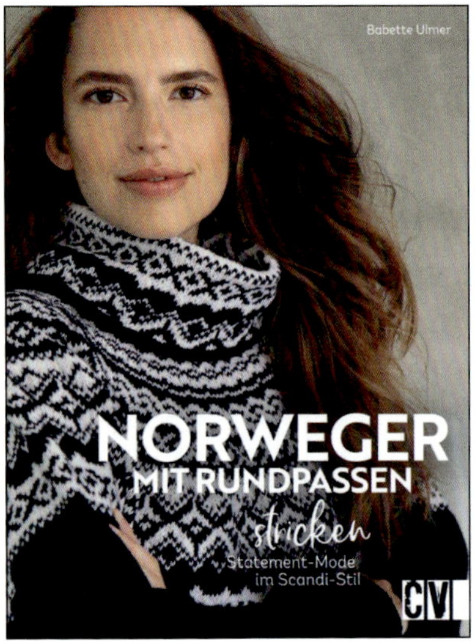

ISBN 978-3-8410-6723-4

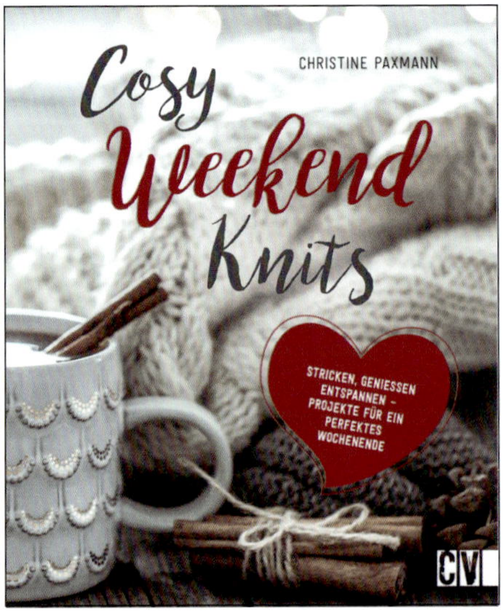

ISBN 978-3-8410-6731-9

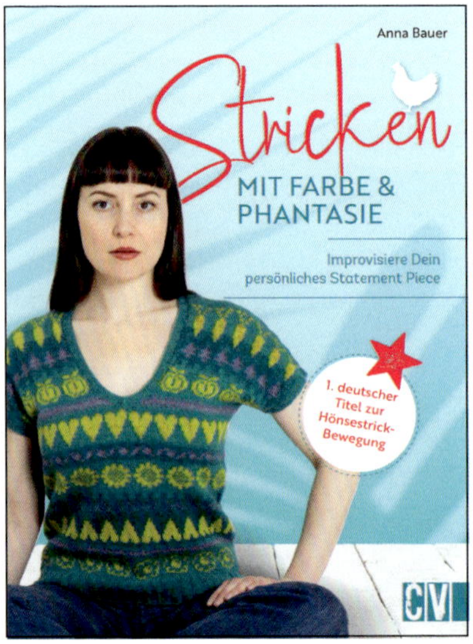

ISBN 978-3-8410-6648-0

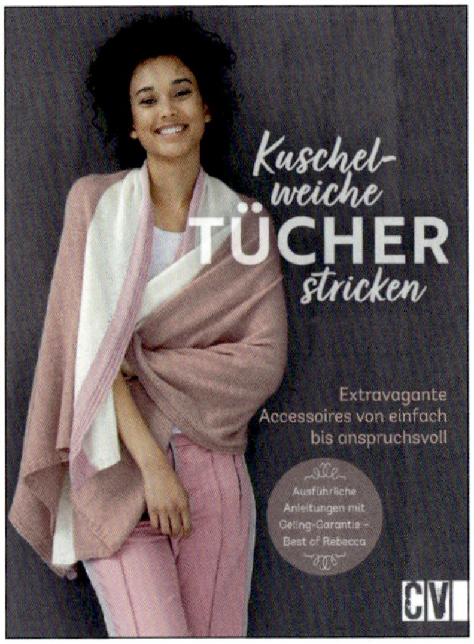

ISBN 978-3-8410-6707-4

www.christophorus-verlag.de